EL GRAN FRAUDE DEL CHIRINGUITO

Dentro de la Estafa Financiera que Estafó 50 Millones de euros en Madrid

Silvio Dell'Oglio

PROLOGO

Es fácil creer que un fraude financiero de grandes dimensiones solo puede ocurrir en Wall Street o en los mercados internacionales. Sin embargo, hace apenas unos años, un grupo de criminales orquestó uno de los fraudes más sofisticados y devastadores de la historia financiera reciente, y lo hicieron en pleno corazón de Madrid. Utilizando las mismas tácticas que los grandes estafadores globales, lograron engañar a decenas de personas, haciéndoles creer que sus inversiones eran seguras y rentables. En realidad, estaban siendo robados. Más de 50 millones de euros fueron desviados, pero las víctimas no eran las únicas afectadas. Este fraude dejó una estela de desconfianza y miedo que perdura hasta hoy."

En este libro, nos adentramos en la historia de cómo una banda criminal construyó su imperio a través de mentiras, manipulación y una apariencia de legitimidad. Desvelamos los detalles de su operación, el sufrimiento de sus víctimas y las lecciones que debemos aprender para evitar caer en la misma trampa. La verdad detrás de este fraude es más sorprendente y peligrosa de lo que imaginas.

La Banda y su Modus Operandi

Este capítulo se centrará en cómo la banda comenzó a operar, las tácticas utilizadas para atraer a sus víctimas, y cómo lograron crear una fachada de legitimidad. Aquí te doy un esquema para estructurarlo y luego lo desarrollamos con los detalles.

La banda no comenzó con grandes promesas ni con un gran escándalo. Empezaron de forma pequeña, buscando personas con pocos conocimientos financieros pero con deseos de invertir.

A medida que la operación se expandía, los miembros clave de la banda se presentaban como expertos financieros, incluso apareciendo en eventos o conferencias para ganarse la confianza del público.

Cómo lograron construir una red de contactos que les permitió atraer a más víctimas, utilizando conexiones con instituciones aparentemente legítimas.

La banda ofrecía productos financieros de alto riesgo, presentándolos como oportunidades de inversión con rendimientos garantizados. A menudo, usaban terminología compleja para dar la impresión de ser expertos.

Usaban técnicas de manipulación emocional, como el miedo a perder una oportunidad única, para presionar a sus víctimas a invertir rápidamente sin hacer preguntas.

Utilizaban testimonios falsos de "inversores satisfechos" que aseguraban haber ganado grandes sumas de dinero gracias a las inversiones en estos productos. La banda también creaba falsos reportes financieros y documentación para hacer parecer que todo era legítimo.

La banda estableció una fachada de seriedad, con oficinas elegantes y una presencia en línea profesional, incluyendo un sitio web que simulaba ser una entidad financiera legítima.

Para ganar más credibilidad, se vincularon con figuras de confianza en el sector financiero, utilizando sus nombres de manera engañosa para atraer a más personas.

Utilizaban documentos oficiales falsificados, auditores de fachada y promesas de protección para que las víctimas creyeran que su dinero estaba seguro.

Al principio, las víctimas veían retornos pequeños que les daban confianza, lo que les impulsaba a invertir aún más. Sin embargo, estos pagos eran simplemente dinero de otros inversores, en un esquema de Ponzi.

Una vez que la banda había recaudado una cantidad suficiente de dinero, dejaron de hacer pagos a las víctimas y cerraron la operación. En algunos casos, se disolvieron de inmediato, dejando a las víctimas sin acceso a su dinero y sin ninguna forma de rastrear a los responsables.

El Origen de la Banda: El Comienzo Discreto

Al principio, nadie habría imaginado que lo que parecía una operación financiera legítima se convertiría en uno de los fraudes más devastadores de la historia reciente en España. La banda que llevaría a cabo el fraude de más de 50 millones de euros comenzó de manera modesta, casi desapercibida, como un pequeño grupo de "expertos" financieros que se presentaban ante un público con grandes promesas de rendimientos fáciles y rápidos.

Los líderes de la banda no comenzaron como criminales notorios. Al contrario, su entrada en el mundo de las inversiones parecía ser legítima, cuidadosamente planificada y diseñada para ganar confianza. Se presentaban como asesores financieros con un profundo conocimiento de los mercados y la economía, usando títulos de dudosa procedencia pero lo suficientemente convincentes para atraer a personas que buscaban mejorar su situación económica. Sus primeros pasos fueron en círculos pequeños, donde las inversiones de bajo monto y los consejos "personalizados" empezaron a atraer a sus primeras víctimas.

Al principio, la banda no se lanzó al vacío con promesas de dinero fácil. Más bien, optaron por un enfoque gradual: pequeños eventos en salas de conferencias, encuentros en cafeterías elegantes y, lo más importante, un trato cercano con las personas que ya conocían el mundo de las inversiones. En estos primeros encuentros, su táctica era clara: ofrecer asesoramiento "exclusivo" y "personalizado" para inversores interesados en aumentar su capital. Las ofertas no eran demasiado atractivas a simple vista, pero al hablar de "nuevas oportunidades en mercados emergentes" o "estrategias de inversión innovadoras", lograban captar la atención de quienes estaban dispuestos a escuchar.

La primera clave del éxito de la banda fue el boca a boca. Las víctimas iniciales no eran grandes inversores ni magnates financieros, sino personas que tenían cierto capital, pero no necesariamente una gran comprensión de los mercados. Estas primeras víctimas fueron fundamentales para el crecimiento del esquema. Una vez que depositaron sus primeros fondos y comenzaron a ver pequeños rendimientos, se sintieron motivados a contar su "éxito" a amigos y familiares.

Lo que comenzó como una operación discreta en círculos limitados, pronto se expandió. Los "testimonios" de aquellos que, aparentemente, habían logrado aumentar su inversión, actuaron como el gancho perfecto para atraer a nuevos inversores. En este momento, la banda ya había comenzado a mostrar su verdadera cara: una operación que operaba bajo la apariencia de seriedad, pero que en realidad estaba dirigida por personas sin escrúpulos, dispuestas a manipular y explotar la confianza de los demás.

A medida que las inversiones crecían, también lo hacía la ambición de los miembros de la banda. Comenzaron a involucrarse en actividades más arriesgadas, manipulando datos, ofreciendo "productos financieros" falsos y creando una fachada de auditorías externas que nunca existieron. Aparentemente, la banda había construido una estructura sólida: oficinas en zonas prestigiosas de Madrid, personal capacitado y una presencia en línea que daba la impresión de ser una empresa respetable. Todo esto fue diseñado para dar la sensación de seguridad y profesionalismo, mientras operaban bajo un esquema de engaño que no era más que una máquina de hacer dinero para ellos, a expensas de los ahorros y la confianza de sus víctimas.

Al principio, las operaciones eran pequeñas y se limitaban a un círculo cerrado, pero a medida que más personas caían en la trampa, la banda comenzó a expandir su red, moviendo grandes cantidades de dinero a través de una estructura cada vez más compleja. Aquel "comienzo discreto" se transformó rápidamente en una operación criminal de dimensiones mucho mayores, con ramificaciones que tocarían a cientos de personas, empresas y, eventualmente, las instituciones financieras que nunca imaginaron que estaban siendo utilizadas para un fraude tan elaborado.

Los líderes de la banda no eran simples delincuentes; eran individuos astutos, hábiles y calculadores, cada uno con su propio conjunto de competencias que les permitieron operar una de las estafas más complejas y exitosas de la historia reciente. En lugar de ser personajes obvios y maliciosos, estos hombres y mujeres sabían cómo esconder su verdadera naturaleza bajo capas de respeto, confianza y profesionalismo. Su éxito se debió en gran parte a su capacidad para proyectar una imagen de seriedad, mientras ocultaban sus intenciones criminales detrás de fachadas de empresas legítimas y operaciones de inversión cuidadosamente construidas.

Javier Rodríguez: El Carismático Líder Financiero

Javier Rodríguez, el rostro visible de la operación, era un hombre de aproximadamente 40 años, con una presencia que imponía respeto en cualquier sala en la que entraba. Con una formación en economía y una supuesta maestría en finanzas internacionales, Rodríguez había trabajado en varias instituciones financieras antes de fundar su propia empresa de asesoramiento. Sin embargo, su educación formal y su experiencia profesional estaban empañadas por la falta de una trayectoria sólida y, de hecho, había más de una duda sobre la autenticidad de sus credenciales.

Lo que le faltaba en experiencia real lo compensaba con su carisma. Rodríguez era un maestro en el arte de la persuasión. Su voz profunda y su mirada confiada hacían que cualquiera que hablara con él sintiera que estaba recibiendo una atención personalizada de un verdadero experto. Había algo en su manera de hablar sobre el mercado de valores, las criptomonedas y las oportunidades de inversión en mercados emergentes que parecía genuinamente convincente. Se presentaba como un hombre que había desentrañado los secretos del mercado, uno de esos raros individuos con la habilidad de predecir lo que iba a suceder en los próximos meses. A menudo hablaba de sus "conexiones" en Wall Street, su acceso a información privilegiada y sus éxitos pasados en inversiones de alto perfil, pero nunca ofreció pruebas concretas. A pesar de las preguntas, su encanto y habilidad para conectar con las personas lo convirtieron en un imán para aquellos que deseaban ganar dinero rápidamente.

Rodríguez entendía que el éxito de su operación dependía de la confianza que pudiera generar en sus clientes. Para ello, se aseguraba de que cada uno de ellos se sintiera especial, como si estuviera recibiendo una atención exclusiva. Sus primeras víctimas fueron personas de clase media y alta, interesados en mejorar su situación financiera sin tener conocimientos profundos sobre el mercado. Con cada éxito parcial que compartía con ellos, la bola de nieve crecía: las recomendaciones boca a boca y la confianza en su figura aumentaban rápidamente.

Pero lo que Rodríguez hacía no era más que una manipulación hábil de las emociones y las expectativas de las personas. Él mismo nunca arriesgaba su propio dinero. Todo lo que recibía de sus víctimas lo usaba para mantener la fachada de éxito, alimentando la ilusión de que sus estrategias realmente funcionaban. Sin embargo, en el fondo, Rodríguez estaba operando un esquema Ponzi, donde el dinero de los nuevos inversores se usaba para pagar a los antiguos, creando una red insostenible que eventualmente colapsaría.

Marta González: La Ingeniera de la Ilusión

Mientras Rodríguez era el rostro público y carismático de la banda, Marta González se mantenía en las sombras, utilizando su habilidad técnica para diseñar la infraestructura que sostenía el fraude. Con una formación en ingeniería informática y una experiencia considerable en programación, González había trabajado en varias empresas tecnológicas antes de unirse a la banda. Su conocimiento en la creación de sistemas digitales le permitió desarrollar plataformas de inversión falsas que parecían completamente legítimas a los ojos de los inversores.

González era meticulosa en su trabajo. Sabía que el fraude debía estar tan bien camuflado que ni las auditorías ni las investigaciones pudieran detectarlo fácilmente. Utilizaba su habilidad para crear sitios web que replicaban a la perfección las interfaces de empresas financieras conocidas, con gráficos de alta calidad, reportes falsificados y una funcionalidad perfecta que permitía a los inversores seguir el "rendimiento" de su dinero en tiempo real. Su conocimiento de los algoritmos y las herramientas de análisis financiero le permitió simular transacciones reales, haciendo que el fraude fuera aún más difícil de identificar.

Lo que Marta hacía detrás de las cortinas era esencial para que la banda mantuviera su fachada. Además de crear la plataforma, también se encargaba de las "auditorías" falsas que se presentaban a los inversores, con reportes que mostraban un crecimiento constante de las inversiones. Cada vez que los inversores pedían detalles sobre sus fondos, González proporcionaba documentos sofisticados, completos con gráficas y detalles que parecían salidos de una firma de auditoría internacional. La perfección de su trabajo fue un factor clave en el éxito de la operación, ya que los inversores nunca sospecharon que detrás de esos números y gráficos había una mujer con un profundo conocimiento en manipulación digital.

Manuel Torres: El Estratega de la Red

Manuel Torres era el cerebro financiero detrás de la operación, un hombre de unos 50 años que había trabajado en diversas firmas de inversión antes de involucrarse en actividades fraudulentas. Con un perfil bajo y una actitud calculadora, Torres era quien diseñaba las estrategias a largo plazo de la banda, asegurándose de que el flujo de dinero no solo se mantuviera, sino que creciera. Torres no solo era un experto en finanzas, sino también en psicología de los mercados: sabía exactamente cómo explotar la avaricia humana para su propio beneficio.

Torres era el encargado de establecer conexiones clave dentro del mundo financiero y de coordinar las grandes transacciones de dinero que ayudaban a ocultar el fraude. Se encargaba de mover sumas importantes de dinero entre cuentas y a través de empresas fantasma, asegurándose de que las operaciones parecieran legítimas ante las autoridades. Además, fue él quien tuvo la idea de expandir el esquema a través de "inversores estratégicos" que podían hacer que la operación pareciera aún más sólida. Utilizando su red de contactos en el sector financiero, Torres logró asegurar el flujo constante de dinero que mantenía la ilusión de éxito en el negocio.

Además de ser un hábil estratega financiero, Torres tenía una gran capacidad para leer a las personas. Era capaz de identificar a aquellos que podían convertirse en víctimas fáciles y convencerlos de que invirtieran grandes cantidades de dinero. Su habilidad para manejar grandes sumas de dinero y su conocimiento sobre el lavado de dinero fueron esenciales para que la banda pudiera operar durante años sin ser detectada.

Carlos Martínez: El Arquitecto de la Imagen Pública

Carlos Martínez, el cuarto miembro clave de la banda, era el encargado de construir y mantener la imagen pública de la operación. Un hombre con una formación en relaciones públicas y comunicación, Martínez sabía cómo manejar la percepción pública y cómo crear una narrativa atractiva que ocultara la verdadera naturaleza de la banda. Su tarea era asegurarse de que los medios de comunicación y los clientes vieran a la banda como una oportunidad legítima, no como una operación fraudulenta.

Martínez se encargaba de organizar eventos, seminarios y conferencias en los que la banda se presentaba como un grupo de expertos financieros dispuestos a compartir su conocimiento con el público. Su habilidad para generar cobertura mediática y para manejar las relaciones con periodistas fue crucial para que la banda ganara respeto en círculos financieros más amplios. A través de su trabajo, la banda logró ser vista como una empresa confiable en la que los inversores podían confiar.

Lo que hizo que esta banda fuera tan peligrosa no fue solo el talento individual de cada uno de los líderes, sino la sinergia entre ellos. Cada miembro cumplía una función crítica, pero era su capacidad para trabajar en conjunto lo que les permitió construir un imperio de fraude que funcionó durante años. Mientras Rodríguez convencía a los inversores de que estaban haciendo dinero, González ocultaba las huellas del fraude detrás de sistemas digitales impecables, Torres movía grandes sumas de dinero para mantener el flujo y Martínez tejía la red de relaciones públicas que hacía que todo pareciera legítimo.

Juntos, eran una máquina perfectamente aceitada de engaño, que se movía con rapidez y eficacia para aprovechar cada oportunidad de ganar dinero, mientras dejaban un rastro de víctimas arruinadas a su paso.

Para que un esquema de fraude como el que lideraba la banda tuviera éxito, era necesario mucho más que solo un par de personas con buenas habilidades de persuasión. Lo que realmente permitió que la estafa prosperara durante años fue la extensa red de contactos que los líderes habían cultivado, no solo dentro del mundo financiero, sino también en ámbitos políticos, legales y empresariales. Esta red no solo proporcionaba el respaldo necesario para hacer que el fraude pareciera legítimo, sino que también ofrecía un sistema de protección que les permitió operar sin temor a ser descubiertos.

Uno de los pilares sobre los que se construyó la estafa fue la habilidad de la banda para mover grandes sumas de dinero a través de canales seguros, y esto fue posible gracias a las conexiones dentro del mundo financiero. Torres, el estratega principal, tenía una red de contactos que incluía banquero de alto nivel, corredores de bolsa, y ejecutivos de empresas de inversión, todos los cuales estaban dispuestos a hacer la vista gorda ante las transacciones sospechosas a cambio de una parte de las ganancias.

Uno de los contactos más importantes fue Luis Fernández, un banquero de inversión con una exitosa carrera en una firma multinacional. Luis no solo proporcionaba acceso a las herramientas necesarias para mover grandes cantidades de dinero, sino que también tenía acceso a la "caja fuerte" del sistema financiero, es decir, los mecanismos legales que permitían disimular las transacciones y ocultar el rastro de los fondos. A cambio de su colaboración, Fernández recibía una parte de las ganancias obtenidas de las inversiones fraudulentas, y además, le ofrecían un estilo de vida lujoso que le aseguraba que seguiría participando en el esquema.

Carmen Rivas, una asesora fiscal, también jugó un papel crucial en la operación. Su trabajo era asegurarse de que las transacciones realizadas por la banda no levantaran sospechas ante las autoridades fiscales. Carmen tenía una red de contactos dentro de las agencias de impuestos y era experta en crear estructuras de empresas offshore que permitían ocultar el dinero de manera efectiva. Gracias a ella, los fondos se mantenían fuera del radar de las auditorías y de cualquier tipo de investigación oficial.

Si bien las conexiones financieras eran esenciales para mover el dinero, las conexiones políticas eran vitales para asegurar que el esquema se mantuviera a salvo de cualquier intervención gubernamental o legal. Estos contactos proporcionaban a la banda un escudo protector contra cualquier intento de ser investigados o detenidos.

Ricardo Díaz, un ex funcionario público con vínculos cercanos a altos cargos del gobierno, era uno de los contactos más importantes. Díaz, aunque ya fuera del servicio público, seguía manteniendo su influencia en los pasillos del poder, especialmente dentro del Ministerio de Economía y Finanzas. Gracias a su red, la banda pudo obtener información confidencial sobre posibles auditorías o investigaciones en curso. Cuando las autoridades comenzaban a hacer preguntas, Díaz intervenía para suavizar la situación, asegurándose de que las investigaciones no avanzaran o fueran desviadas hacia otros objetivos.

Otro contacto clave en este ámbito fue Ana Vargas, una abogada especializada en derecho corporativo, que había trabajado con varias empresas en el sector financiero. Ana tenía la capacidad de influir en la política de regulación financiera y, gracias a su red de contactos en el sistema judicial, podía retrasar cualquier proceso legal que pudiera amenazar la operación. Cuando surgían dudas sobre la legitimidad de las inversiones o cuando los inversores comenzaban a hacer ruido, Ana estaba allí para calmar la situación y asegurarse de que los asuntos legales no escalaran.

Para mantener la fachada de una operación legítima, la banda necesitaba relaciones dentro del mundo empresarial que pudieran actuar como una cobertura para las actividades fraudulentas. Esteban Gómez, un empresario con inversiones en varios sectores, fue un gran aliado. Esteban estaba al tanto de la naturaleza fraudulenta de la operación, pero como su propia empresa estaba siendo utilizada como una "cobertura", nunca hubo riesgo de que se expusiera el fraude. Gómez proporcionaba a la banda acceso a reuniones de alto nivel y eventos exclusivos en los que podían ganar más contactos y seguir ampliando su red.

Mariana López, una consultora de imagen empresarial, fue otro miembro esencial de esta red. Mariana se encargaba de crear la imagen pública de las empresas vinculadas a la banda. Desde diseñar las presentaciones para inversores hasta organizar eventos y seminarios, Mariana era la encargada de mantener la fachada profesional que los inversores esperaban ver. Gracias a su trabajo, la banda lograba presentarse como una operación legítima, mientras ocultaban el fraude que se desarrollaba tras las puertas cerradas.

Para asegurar que la estafa continuara creciendo, era necesario que la banda tuviera una imagen de respeto y seriedad en círculos sociales más amplios. Esto incluía conexiones con celebridades, influencers y personas influyentes en el ámbito social que pudieran darles visibilidad y credibilidad. A través de estos contactos, los líderes de la banda lograban que su nombre fuera sinónimo de éxito y sofisticación.

Javier Sánchez, un reconocido influencer en el ámbito de las inversiones y el emprendimiento, jugó un papel clave en este aspecto. Sánchez, conocido por sus videos y publicaciones sobre el mundo financiero, promovió la banda a través de sus plataformas sociales. Al compartir "historias de éxito" de personas que supuestamente habían invertido con ellos, Sánchez ayudó a atraer más víctimas a la red. Lo que muchos no sabían era que él también recibía una parte de las ganancias obtenidas de los nuevos inversores, lo que lo motivaba a seguir promoviendo el esquema.

Además, Patricia Ruiz, una socialité y empresaria en el mundo de la moda, fue otra de las personas clave en el círculo social de la banda. A través de su círculo de amigos, muchos de los cuales pertenecían a la alta sociedad, la banda pudo atraer a inversores de gran perfil, incluidos empresarios y políticos que querían parecer estar a la vanguardia de las inversiones modernas. Patricia organizaba cenas y eventos en los que se hablaba de "grandes oportunidades" y en los que se promocionaba la supuesta empresa de inversión. Este tipo de eventos no solo generaba una mayor confianza en los inversores, sino que también ayudaba a reforzar la percepción de que la banda estaba vinculada a círculos de poder y éxito.

Cada uno de estos contactos, desde los banquero de alto nivel hasta los influenciadores sociales, jugaba un papel fundamental en el funcionamiento del esquema. A medida que la banda crecía, la red de contactos se expandía, lo que les permitía mantener la operación en marcha y protegerse de cualquier intento de exposición o detención. Si alguna parte del esquema comenzaba a desmoronarse, la red se activaba rápidamente para sofocar el problema y redirigir la atención hacia otras áreas. La capacidad de los líderes de la banda para conectar con las personas adecuadas en el momento adecuado fue uno de los factores que les permitió operar con éxito durante tanto tiempo.

La complejidad de la red y la interconexión de sus miembros hacía que cualquier intento de descubrir la verdad fuera casi imposible. Incluso si las autoridades llegaban a atrapar a uno de los miembros de la banda, siempre había alguien en algún rincón del sistema que podía intervenir y asegurarse de que la operación siguiera en pie.

Luis Fernández era un hombre de negocios exitoso, nacido en una familia de banquero con tradición en el sector financiero. Desde joven, mostró una notable habilidad para las inversiones y las transacciones de alto riesgo. Tras obtener su licenciatura en Finanzas en una universidad prestigiosa, comenzó su carrera en un banco multinacional de renombre, donde rápidamente ascendió a una posición de liderazgo.

Fernández fue reclutado por Torres, el líder de la banda, debido a su vasto conocimiento del sistema financiero y su capacidad para mover grandes sumas de dinero sin levantar sospechas. Durante su tiempo en el banco, Luis estableció relaciones clave con otros banqueros y corredores de bolsa que serían esenciales para la operación de la banda. Además, su capacidad para crear estructuras financieras complejas, como fondos de inversión y empresas offshore, le permitió ocultar las transacciones fraudulentas.

Aunque Luis era consciente de la ilegalidad de las operaciones en las que participaba, el atractivo de los altos pagos y la posibilidad de asegurar su posición financiera y la de su familia fue lo que lo motivó a continuar. A lo largo de los años, su estilo de vida de lujo se mantuvo gracias a su colaboración con la banda, y fue uno de los principales facilitadores de las transacciones que mantenían el flujo de dinero en la estafa.

Entre sus contactos más cercanos estaban otros ejecutivos bancarios, algunos de los cuales nunca se enteraron de la verdadera naturaleza de las transacciones, pero que, sin embargo, ayudaron a facilitar el movimiento de dinero. Luis también mantenía una red de contadores y asesores fiscales que le ayudaban a estructurar las transacciones de manera que no pudieran ser rastreadas por las autoridades fiscales.

Carmen Rivas: La Asesora Fiscal

Carmen Rivas era una mujer astuta, con una larga carrera como asesora fiscal y una especialización en la creación de estructuras financieras internacionales. Nacida en una familia de clase media, Carmen ascendió rápidamente en su campo gracias a su excepcional habilidad para navegar por los complejos sistemas fiscales y legales.

Carmen fue contactada por Luis Fernández, quien la conoció a través de su trabajo en el banco. Con una excelente reputación en la creación de estrategias fiscales complejas para clientes adinerados, Carmen se convirtió en una pieza clave para la banda. Su trabajo consistía en diseñar esquemas que permitieran a los fondos de la banda moverse sin dejar rastro y evitar la detección por parte de las autoridades fiscales. A menudo trabajaba con otros asesores legales y fiscales en la creación de empresas ficticias en paraísos fiscales, que servían como cobertura para el dinero ilícito.

Carmen estaba motivada por la posibilidad de generar grandes ingresos sin las limitaciones que implicaba el trabajo en una firma de asesoría tradicional. La red de contactos que la banda le proporcionó le permitió obtener clientes de alto perfil y acceder a un nivel de poder y riqueza que de otro modo habría sido inalcanzable.

Carmen mantenía una estrecha relación con otros profesionales del sector fiscal, abogados de renombre y expertos en offshore, quienes eran parte fundamental en la creación de las estructuras que ayudaban a ocultar el dinero de la banda. Además, tenía conexiones dentro de la administración tributaria, lo que le permitió estar al tanto de las auditorías y alertar a la banda de cualquier posible investigación.

Ricardo Díaz: El Conector Político

Ricardo Díaz era un ex funcionario público que había trabajado durante años en el Ministerio de Economía y Finanzas. Su carrera en el sector público estuvo marcada por su habilidad para moverse en los círculos de poder y su capacidad para influir en las decisiones políticas. Aunque su paso por la administración fue relativamente breve, dejó una marca significativa debido a su capacidad para forjar relaciones con altos funcionarios y empresarios influyentes.

Díaz se unió a la banda después de su salida del servicio público. Conocía a varios de los miembros clave del gobierno y tenía acceso a información confidencial sobre auditorías y posibles investigaciones. Gracias a su red, Ricardo pudo asegurar que las transacciones fraudulentas de la banda pasaran desapercibidas ante las autoridades. Además, tenía la capacidad de frenar cualquier intento de investigación al influir en las decisiones políticas y judiciales.

Aunque inicialmente Díaz estaba motivado por su deseo de seguir disfrutando de un estilo de vida de lujo tras su salida del servicio público, su participación en la banda le permitió continuar ejerciendo influencia y control en los círculos de poder, lo que lo hacía sentir importante y valioso. Además, su involucramiento en el fraude le garantizaba un flujo constante de dinero a cambio de sus servicios.

Ricardo tenía contacto directo con varios funcionarios del gobierno y figuras políticas de alto rango, algunos de los cuales nunca supieron del fraude, pero cuyos recursos e influencia fueron cruciales para mantener la operación segura. También mantenía una relación cercana con algunos jueces y fiscales, quienes fueron clave para frenar cualquier intento de investigación o persecución legal.

Ana Vargas: La Abogada de la Red

Ana Vargas era una abogada experimentada en derecho corporativo, especializada en la creación de estructuras legales complejas para empresas. A lo largo de su carrera, Ana trabajó con grandes corporaciones y estuvo involucrada en varias transacciones internacionales, lo que le permitió conocer a fondo el sistema legal y empresarial. Su reputación en el mundo corporativo la convirtió en una figura respetada dentro de la comunidad legal.

Ana fue reclutada por Ricardo Díaz, quien vio en ella una oportunidad para asegurar que las operaciones de la banda se mantuvieran dentro de los márgenes legales, al menos en su apariencia. Su tarea principal era intervenir cuando surgían problemas legales, ya fuera en la creación de documentos que validaran las transacciones fraudulentas o en la manipulación de registros corporativos para hacer que las empresas de fachada parecieran legítimas.

Ana inicialmente tenía dudas sobre el tipo de operaciones en las que se estaba involucrando, el dinero fácil y la oportunidad de ganar prestigio dentro de círculos empresariales de alto nivel la motivaron a seguir participando. A medida que avanzaba en su involucramiento, se fue convenciendo de que el fraude era una "práctica común" entre las grandes corporaciones, y que sus servicios solo estaban ayudando a un "grupo selecto" de inversores.

Ana tenía acceso a una red de abogados especializados en derecho corporativo, así como a notarios y otros expertos legales que ayudaban a crear una fachada de legitimidad para las transacciones fraudulentas. Además, tenía acceso a contactos en la bolsa de valores y en otras instituciones financieras que le ayudaban a encubrir las actividades de la banda.

Esteban Gómez: El Empresario de la Cobertura

Esteban Gómez era un empresario con intereses en varias industrias, desde el sector inmobiliario hasta el de la tecnología. Aunque su carrera comenzó con dificultades, logró construir un imperio empresarial gracias a su capacidad para detectar oportunidades de negocio. Su red de contactos incluía tanto a empresarios como a inversores internacionales.

Esteban fue contactado por Torres para actuar como una cobertura legítima para las actividades de la banda. Su empresa sirvió como fachada, lo que permitió a la banda operar sin levantar sospechas. Esteban, aunque consciente de que sus empresas estaban siendo utilizadas, aceptó participar debido a las enormes ganancias que obtenía de su colaboración.

La motivación de Esteban era puramente económica. Al ser un empresario en busca de expandir su influencia, las ganancias obtenidas a través de la banda le permitieron consolidar aún más su imperio. Además, su participación en el esquema le brindó una mayor visibilidad en círculos de alto poder económico.

Esteban mantenía relaciones con otros empresarios de alto perfil y era un conocido en eventos de inversión de lujo, donde las grandes oportunidades de negocio se discutían. Estos eventos fueron clave para que la banda atrajera a nuevos inversores y mantuviera su fachada de legitimidad.

Mariana López: La Consultora de Imagen

Mariana López era una consultora de imagen que había trabajado con varias marcas internacionales. Su especialidad era ayudar a las empresas a construir una imagen pública sólida y profesional, lo que la hizo muy solicitada por empresarios de renombre. Con el tiempo, Mariana amplió su clientela, incluyendo a varios individuos con intereses más oscuros.

Mariana fue reclutada para gestionar la imagen pública de las empresas vinculadas a la banda. Su tarea era crear una apariencia de éxito y sofisticación que atrajera a inversores. Desde la creación de sitios web hasta la organización de eventos exclusivos, Mariana ayudaba a que la banda pareciera una operación legítima.

La motivación de Mariana era su deseo de trabajar con los clientes más exclusivos y, por supuesto, las grandes comisiones que recibía. A medida que se involucraba más con la banda, su participación se volvió más directa, hasta el punto en que se convirtió en una pieza clave para mantener la fachada pública de la operación.

Mariana tenía una red de contactos en el mundo de la moda, los medios de comunicación y las redes sociales. Gracias a estas relaciones, la banda pudo ganar visibilidad y generar una imagen de lujo que atraía a nuevos inversores.

La Promesa del Dinero Fácil

La historia de la banda no se habría escrito sin el ingenioso uso de productos financieros aparentemente legítimos que, bajo la superficie, estaban diseñados para atraer y seducir a los inversionistas más ingenuos. Al principio, las estafas no eran evidentes. El verdadero atractivo radicaba en las promesas de rendimientos extraordinarios, de un acceso exclusivo a oportunidades de inversión que solo los más astutos podían ver. Y, sobre todo, en la apariencia de legalidad que acompañaba a estos productos, lo que permitía a la banda operar durante años sin levantar demasiadas sospechas.

Uno de los primeros productos financieros en ser introducido fue el Fondo de Inversión "Global Wealth". A primera vista, este fondo parecía ofrecer una propuesta interesante para aquellos que deseaban diversificar su portafolio sin la necesidad de tener un conocimiento profundo de los mercados financieros. Los fondos estaban promocionados como un vehículo de inversión que combinaba las estrategias más avanzadas de trading, análisis técnico y una gestión activa que prometía rendimientos del 20% al 30% anual.

Lo que muchos inversionistas no sabían era que este fondo no estaba basado en activos reales ni en mercados genuinos. En lugar de eso, los fondos recaudados de nuevos inversores se utilizaban para pagar a los inversores más antiguos, creando una apariencia de rentabilidad cuando, en realidad, todo era parte de una estructura piramidal.

La promesa de ganancias rápidas y sustanciales fue suficiente para captar la atención de una gran cantidad de inversionistas, desde pequeños ahorradores hasta empresarios en busca de una forma de diversificar sus riquezas. Los líderes de la banda, con su habilidad para presentarse como expertos financieros, organizaron seminarios exclusivos y reuniones privadas donde presentaban el fondo como una "oportunidad única" para invertir en mercados emergentes, tecnologías disruptivas y activos internacionales.

Además, el fondo se presentó como algo de alto nivel, accesible solo para personas "con visión", un truco psicológico que hacía sentir a los inversionistas que estaban tomando una decisión exclusiva y avanzada. Los detalles sobre el fondo eran vagos y carecían de transparencia, pero los números presentados, aunque nunca verificables, eran convincentes.

Las tácticas de marketing utilizadas para atraer a los inversores fueron cuidadosamente diseñadas para crear un aire de prestigio y confianza. La banda invirtió grandes cantidades de dinero en diseñar informes de rendimiento visualmente impresionantes, presentaciones llenas de gráficos y testimonios de personas influyentes, que en realidad nunca habían invertido en el fondo.

Uno de los trucos más eficaces fue la creación de "casos de éxito", personas que supuestamente habían invertido grandes sumas y ahora vivían un estilo de vida de lujo gracias a los rendimientos obtenidos. Estas historias, fabricadas y exageradas, fueron compartidas en redes sociales, medios de comunicación y eventos privados, con la finalidad de crear una red de confianza que animara a más personas a unirse.

Otro producto que la banda introdujo al mercado fueron las "Oportunidades Inmobiliarias Internacionales". Este producto parecía ofrecer a los inversores la posibilidad de participar en proyectos inmobiliarios exclusivos en lugares exóticos, como islas privadas, complejos turísticos de lujo o desarrollos en países en vías de desarrollo con una rentabilidad estimada del 25% al 40% anual. El proyecto estaba acompañado de una promesa de capitalización rápida debido a la supuesta alta demanda de propiedades en estos destinos.

La presentación de estas oportunidades se basaba en la idea de que los inversionistas estaban accediendo a un mercado inmobiliario de alto rendimiento, con precios en auge que les permitirían obtener rendimientos significativos en poco tiempo. Sin embargo, los proyectos eran en su mayoría inexistentes o estaban en fases muy preliminares, y los fondos invertidos no se destinaban a proyectos inmobiliarios reales, sino que eran redirigidos para financiar otros esquemas de fraude.

Para convencer a los inversionistas de que se trataba de una oportunidad legítima, la banda organizó visitas a "propiedades" que supuestamente ya estaban en construcción. Estas propiedades, sin embargo, eran simplemente fotos de sitios web o lugares vacíos sin ningún proyecto en marcha. Además, las visitas se organizaban con tanta opacidad y control, que los inversionistas no tenían oportunidad de verificar la autenticidad de lo que se les mostraba.

Los promotores de este producto también hicieron uso de eventos de alto perfil, en los que se invitaba a inversores potenciales a conocer a "desarrolladores de renombre" (quienes en realidad no existían) y a visitar "zonas de alto crecimiento". Estos eventos fueron presentados como exclusivos y solo accesibles para los más selectos, lo que generó una falsa sensación de seguridad entre los inversionistas.

Además, la banda usó testimonios de personas influyentes en el sector inmobiliario para darle mayor peso a sus afirmaciones, aunque estas personas no tenían relación alguna con los proyectos presentados. A través de estos engaños, miles de inversionistas fueron atraídos, solo para descubrir más tarde que sus fondos nunca fueron utilizados en la adquisición de propiedades, sino que fueron desviados para alimentar el esquema.

La última propuesta de inversión que la banda ofreció fue en el emergente mercado de criptomonedas. Con el auge de las criptomonedas en los últimos años, este producto fue presentado como una forma de aprovechar el "futuro del dinero" y las tecnologías disruptivas que transformaban el mundo financiero. La promesa era clara: rendimientos del 50% al 100% en pocos meses a través de una estrategia de trading automatizado en criptomonedas.

El producto estaba dirigido principalmente a personas que querían entrar en el mundo de las criptomonedas, pero no tenían los conocimientos técnicos necesarios para hacerlo por su cuenta. La banda creó plataformas de trading falsas, con gráficos que mostraban un aumento constante en las inversiones y promesas de beneficios a corto plazo.

Además, las criptomonedas eran presentadas como una forma segura y de bajo riesgo de obtener rendimientos altos, lo cual estaba lejos de la realidad. El truco consistía en mostrar a los inversionistas una serie de ganancias iniciales pequeñas, pero cuando los fondos comenzaban a aumentar, la banda comenzaba a desviarlos a sus propias cuentas, dejando a los inversionistas con grandes pérdidas y sin ningún rastro de sus fondos.

Se utilizaron webinars y seminarios en línea para enseñar a los posibles inversores sobre el "potencial de las criptomonedas". Las promesas de un "sistema automatizado" y "sin esfuerzo" fueron atractivas para muchos, especialmente aquellos sin experiencia en el mercado de las criptomonedas. Los testimonios de personas que supuestamente habían ganado grandes sumas de dinero a través de estas inversiones también fueron clave para convencer a más personas de participar.-

Uno de los aspectos más engañosos y sofisticados del fraude fue el sistema automatizado de criptomonedas. A través de este, la banda logró convencer a sus víctimas de que sus inversiones eran gestionadas por una inteligencia artificial avanzada que operaba en los mercados de criptomonedas, asegurando beneficios sin ningún tipo de intervención humana. El sistema prometía ser capaz de realizar transacciones rápidas y rentables, algo que, en teoría, solo un software de alta gama podía hacer.

El sistema se presentaba como una plataforma en línea donde los usuarios podían crear una cuenta, depositar sus fondos y ver cómo se "multiplicaban" gracias a la automatización. La plataforma mostraba gráficos y estadísticas en tiempo real, haciendo parecer que las inversiones estaban siendo gestionadas de manera profesional y eficiente.

En realidad, todo lo que estaba sucediendo era una ilusión. Los fondos de los nuevos inversores no se utilizaban en transacciones reales de criptomonedas. En cambio, se alimentaban las cuentas de los inversionistas con ganancias falsas, a través de un proceso llamado "pago de dividendos ficticios". Cuando los inversionistas veían que sus fondos estaban creciendo, muchos de ellos decidían invertir más dinero, creyendo que el sistema realmente funcionaba.

Para hacer que el sistema pareciera aún más legítimo, la banda incorporó una serie de medidas de seguridad falsas, como autenticaciones de dos factores y protocolos encriptados, lo que daba la sensación de que se trataba de una plataforma seria y confiable. Sin embargo, no existía ninguna tecnología real detrás de la plataforma. Todo estaba diseñado para hacer creer a los inversores que su dinero estaba seguro y que el sistema estaba funcionando.

Cuando los inversionistas querían retirar su dinero, en muchos casos se encontraban con largas demoras o incluso con la imposibilidad de acceder a sus fondos. Las razones ofrecidas eran siempre técnicas: "problemas con el servidor", "verificación de la cuenta pendiente" o "mantenimiento de la plataforma". A medida que la banda iba ganando más dinero, comenzaban a desviar grandes sumas hacia cuentas privadas, y en el momento en que la plataforma se saturaba, simplemente cerraban el sitio web.

Los webinars fueron una de las tácticas más efectivas utilizadas por la banda para atraer a nuevos inversionistas. Estos seminarios en línea fueron diseñados para parecer profesionales y educativos, proporcionando a los asistentes la ilusión de que estaban aprendiendo sobre el mercado de criptomonedas de la mano de expertos.

Los webinars eran presentados por personas que se hacían pasar por "analistas financieros" o "expertos en criptomonedas" con años de experiencia en el sector. Estas personas, en realidad, eran actores o miembros de la misma banda que se encargaban de crear una atmósfera de confianza. Los temas cubiertos durante estos webinars iban desde los fundamentos de las criptomonedas hasta las "estrategias avanzadas" para obtener grandes rendimientos.

En los webinars, se mostraban casos de éxito, donde supuestos inversores "reales" compartían cómo habían ganado enormes sumas de dinero gracias a la plataforma. Estos testimonios, aunque fabricados, se presentaban de manera tan convincente que muchos asistentes no dudaban en unirse. Además, los webinars incluían sesiones de preguntas y respuestas en vivo, lo que daba la falsa impresión de que los expertos realmente estaban comprometidos con sus inversionistas.

Al final de cada webinar, los organizadores presentaban una oferta limitada: una invitación exclusiva para unirse a la plataforma con condiciones especiales (descuentos en las tarifas de transacción, acceso a funciones premium, o incluso asesoramiento personalizado). Esta estrategia de "urgencia" era clave para presionar a los participantes a tomar decisiones rápidas, sin tiempo para reflexionar o investigar a fondo.

Muchos de los asistentes, al ver el entusiasmo generado durante la presentación y la "prueba social" de los testimonios, no pensaban en las posibles señales de advertencia y se lanzaban a invertir, confiando en la promesa de que sus ganancias serían multiplicadas en cuestión de días.

La Manipulación Psicológica: La banda también utilizaba técnicas psicológicas muy afinadas para manipular a los inversionistas. Se aprovechaban del sesgo de confirmación, donde los inversores, una vez convencidos de que el sistema era legítimo, solo prestaban atención a la información que confirmaba sus creencias y descartaban cualquier señal de alerta.

Los webinars también apelaban a la moción social, mostrando a grandes grupos de personas interactuando positivamente con la plataforma. Este tipo de presión social aumentaba la sensación de que era una oportunidad que no se podía dejar pasar.

Uno de los ganchos finales de los webinars fue la promesa de recibir asesoría personalizada por parte de expertos en inversiones. Esta promesa atrajo a muchas personas que no se sentían cómodas invirtiendo por su cuenta. Los inversionistas eran contactados por "gerentes de cuentas" que les aseguraban que podían guiarles en sus decisiones de inversión para maximizar sus rendimientos.

Estos "gerentes de cuentas" eran, en realidad, miembros de la banda que utilizaban técnicas de manipulación psicológica para convencer a los inversionistas de aumentar sus aportes, sugiriendo que la "estrategia personalizada" solo sería efectiva si invertían más dinero. Este enfoque resultó ser muy efectivo, ya que muchas personas, confiando en la autoridad de su "asesor", accedieron a transferir grandes sumas de dinero.

La banda utilizó una serie de técnicas de persuasión psicológica para manipular a los inversionistas y hacerlos sentir que estaban tomando decisiones inteligentes, seguras y emocionantes. Estas tácticas no solo se limitaban a las interacciones directas con los inversionistas, sino que también formaban parte de la estructura misma de la plataforma, los webinars y las comunicaciones.

Uno de los métodos más efectivos fue el uso de la escasez como una herramienta persuasiva. Los webinars y las comunicaciones de marketing insistían en que las oportunidades de inversión eran limitadas, creando un sentido de urgencia. Este es un principio psicológico conocido como el "principio de escasez", que hace que las personas perciban algo como más valioso simplemente porque es difícil de obtener o se está agotando.

Cada vez que un nuevo inversionista se unía al sistema, se les presentaba una oferta especial que solo estaría disponible por un tiempo limitado. Esta estrategia empujaba a los potenciales inversores a actuar rápidamente, sin darles espacio para pensar o investigar adecuadamente.

Por ejemplo, los asistentes a los webinars eran informados de que solo un número limitado de plazas quedaban disponibles para aprovechar los beneficios exclusivos de la plataforma, como un descuento en las tarifas de transacción o el acceso a un "asesor personalizado" que ayudaría a maximizar sus ganancias. Las frases como "¡Solo quedan 10 lugares!" o "Oferta válida hasta medianoche" se utilizaban con frecuencia para crear presión sobre la audiencia.

La prueba social es otra técnica de persuasión fundamental que la banda utilizaba para ganar la confianza de los inversores. Básicamente, se trataba de mostrar que muchas otras personas estaban tomando la misma decisión, lo que hacía que los nuevos inversionistas se sintieran más cómodos al seguir el mismo camino.

Los webinars estaban llenos de testimonios de personas que, supuestamente, ya habían invertido y visto resultados impresionantes. A menudo, estos testimonios eran falsificados o eran actores que formaban parte de la banda, pero su objetivo era el mismo: hacer que los asistentes sintieran que estaban tomando una decisión correcta, porque otros ya lo habían hecho.

Además, la plataforma en línea mostraba cifras que indicaban cuántas personas estaban invirtiendo en tiempo real, lo que daba la sensación de que se trataba de una tendencia masiva y exitosa. Los inversionistas que dudaban eran rápidamente convencidos al ver que "todos" estaban ganando dinero. La banda utilizaba los números de forma engañosa, presentando transacciones ficticias como si fueran verdaderas, y creando una falsa sensación de seguridad.

La banda también recurría a la técnica de la autoridad para ganar la confianza de los inversores. En los webinars, presentaban a individuos que se hacían pasar por expertos financieros o asesores de inversiones, algunos con títulos y credenciales falsas, pero que se mostraban como figuras de autoridad en el mundo de las criptomonedas.

Estos "expertos" hablaban de manera convincente sobre los beneficios de invertir en criptomonedas y explicaban cómo el sistema automatizado de la plataforma era el futuro de las inversiones. La idea era que, si un experto estaba involucrado, entonces el sistema debía ser legítimo y confiable. Además, los inversionistas que mostraban dudas eran tranquilizados por estos "expertos" con promesas de estrategias personalizadas y resultados garantizados.

Este tipo de manipulación apelaba al deseo natural de las personas de confiar en figuras de autoridad, especialmente cuando no tenían suficiente conocimiento sobre el tema de las criptomonedas.

A medida que los inversionistas comenzaban a ganar dinero en el sistema, aunque fuera de manera ficticia, se les otorgaban reconocimientos y premios como incentivos para seguir invirtiendo. Estos premios iban desde medallas virtuales y certificados de logros hasta bonos adicionales por referir a nuevos usuarios.

Por ejemplo, los inversionistas que lograban alcanzar ciertos umbrales de inversión o referían a más personas a la plataforma eran premiados con una bonificación especial. Este tipo de refuerzo positivo creaba una sensación de progreso y logro que motivaba a las personas a seguir invirtiendo más dinero. Cuanto más invertían, más "recompensas" recibían, lo que les hacía sentir que su dinero estaba siendo utilizado sabiamente.

Además, estos premios servían como una herramienta de marketing, ya que los inversionistas que obtenían premios eran alentados a compartir su éxito en las redes sociales o en los grupos privados de la plataforma, lo que a su vez atraía a nuevos usuarios. De esta forma, la banda utilizaba a los mismos inversionistas para hacer crecer la red de víctimas, todo mientras mantenían la apariencia de un sistema legítimo y de éxito.

Una de las tácticas más poderosas fue la ilusión de control que se les ofrecía a los inversionistas. A pesar de que el sistema era completamente automatizado, los inversionistas podían interactuar con la plataforma, tomar decisiones sobre sus inversiones y ver cómo sus fondos se movían en tiempo real. Esta interactividad les daba la sensación de que tenían el control total sobre su dinero.

Los inversionistas podían hacer clic en botones como "Ajustar Inversión" o "Revisar Rendimiento", lo que les hacía sentir que estaban gestionando activamente su portafolio. Aunque en realidad todo estaba siendo manipulado por la banda, esta apariencia de control generaba una sensación de autonomía y empoderamiento, lo que reducía las dudas y las reservas.

Las técnicas de persuasión que utilizó la banda fueron muy efectivas, pero también se dirigieron a perfiles específicos de personas, aquellas que eran más susceptibles a la manipulación emocional y psicológica. A continuación, te detallo los tipos de personas que fueron más propensas a caer en estas trampas, basándome en las técnicas que se usaron y el perfil de las víctimas comunes en estafas como esta.

Una de las principales características de los inversionistas engañados fue su deseo de obtener dinero rápido, sin tener que trabajar demasiado. Estas personas se sentían atraídas por las promesas de ganancias inmediatas y fáciles que la plataforma ofrecía, lo cual se aprovechaba mediante la creación de la ilusión de que invertir en criptomonedas o en el sistema automatizado era una forma de hacer dinero sin esfuerzo.

Personas con expectativas de obtener rendimientos rápidos, sin conocimientos previos en inversiones.

Buscaron alternativas rápidas para mejorar su situación financiera, ya sea para pagar deudas, realizar proyectos personales o simplemente para salir de su zona económica.

Un trabajador promedio que lucha por llegar a fin de mes y ve en las criptomonedas una forma de mejorar su vida financiera sin necesidad de un trabajo adicional.

La baja alfabetización financiera es un factor clave que la banda explotó. Muchos de los que cayeron en la estafa no comprendían completamente los mecanismos de las criptomonedas ni los productos financieros complejos. La banda aprovechó esto presentando información confusa, pero aparentemente convincente, sobre el sistema automatizado, lo que les permitió manipular a las víctimas con promesas de altos rendimientos.

Personas sin conocimientos profundos sobre el mercado financiero, las criptomonedas o las inversiones en general.

La falta de conocimiento les impedía detectar las señales de advertencia o la falta de transparencia en la plataforma. Estaban buscando algo fácil de entender y, en muchos casos, no cuestionaron los detalles del sistema.

Personas sin formación financiera, como estudiantes, trabajadores de oficios o personas que nunca habían invertido en su vida, pero estaban dispuestas a probar algo nuevo.

La frustración económica fue otro factor clave que jugó a favor de los estafadores. Las personas que se sentían atrapadas en trabajos que no les proporcionaban suficiente dinero, o que no podían alcanzar sus objetivos financieros, eran más susceptibles a las promesas de riqueza rápida.

Individuos que sienten que sus ingresos actuales no son suficientes para cubrir sus necesidades o cumplir sus sueños, y buscan desesperadamente una salida.

Estas personas estaban en busca de una solución rápida y fácil para mejorar su calidad de vida. El mensaje de que podrían hacer crecer su dinero rápidamente fue muy atractivo para ellos.

Ejemplo: Trabajadores con ingresos bajos o moderados, familias endeudadas, o personas con proyectos personales que no podían financiar debido a la falta de recursos.

Algunas víctimas fueron particularmente vulnerables a la manipulación debido a factores emocionales. La banda sabía cómo apelar a los deseos de reconocimiento y validación. Los inversionistas que buscaban ser parte de algo grande, algo que les hiciera sentirse especiales o exitosos, fueron muy fácilmente atraídos por los testimonios falsos y la prueba social de los webinars.

Personas que buscan reconocimiento social, o aquellas que sienten que su vida no está alcanzando el éxito esperado.

Buscaban pertenecer a una comunidad de éxito, sentirse parte de un grupo selecto de personas exitosas o lograr la validación de que sus decisiones financieras eran correctas.

Personas que se sentían desplazadas o que querían impresionar a su círculo social, amigos o familiares con sus "grandes logros financieros".

La banda aprovechó la atracción por las nuevas tecnologías y las criptomonedas. En un mundo donde las nuevas tecnologías están en constante evolución, muchas personas con una mentalidad moderna y un interés en las innovaciones tecnológicas fueron atraídas por la promesa de estar involucradas en un mercado de futuro.

Personas interesadas en las criptomonedas, el blockchain, o que ya estaban involucradas en otros mercados tecnológicos o financieros emergentes.

Quisieron estar a la vanguardia de una nueva ola financiera, pero sin la formación o la experiencia necesarias para discernir las oportunidades legítimas de las fraudulentas.

Jóvenes que siguen las tendencias tecnológicas, trabajadores en sectores tecnológicos, y personas que querían invertir en innovaciones financieras sin entender completamente los riesgos.

Finalmente, algunos individuos fueron atraídos por la emoción del riesgo y la promesa de aventura que las inversiones en criptomonedas ofrecen. Este perfil tiende a ser más impulsivo y a tomar decisiones sin analizar completamente las consecuencias, motivado por la adrenalina que produce la posibilidad de ganar grandes sumas de dinero rápidamente.

Personas que buscan la adrenalina del riesgo, como aquellos que apuestan, o personas que se sienten atraídas por la idea de obtener grandes ganancias de manera rápida y excitante.

El deseo de probar suerte y ver si pueden ser los próximos en obtener una gran ganancia.

Aficionados al póker, jugadores de casino, y aquellos que disfrutan de los mercados de alto riesgo, como las acciones de pequeña capitalización o las criptomonedas volátiles.

La banda aprovechó las debilidades y los deseos humanos más comunes: el deseo de dinero rápido, la falta de conocimiento, la frustración económica, la búsqueda de reconocimiento y la fascinación por la tecnología. Al identificar estos perfiles, pudieron adaptar sus técnicas de persuasión para dirigirse a personas emocionalmente vulnerables, creando un entorno donde sus víctimas no solo se sentían cómodas, sino que también se veían a sí mismas como parte de una oportunidad de éxito.

Al conocer estos perfiles, podemos entender mejor cómo se dieron las estrategias de manipulación y cómo los estafadores supieron cómo adaptarse a cada tipo de víctima para maximizar el éxito de su estafa.

La banda sabía exactamente cómo captar la atención de sus víctimas, y lo hicieron con maestría, utilizando técnicas de persuasión psicológica, promesas de dinero fácil y una sensación de urgencia. Pero, ¿quiénes fueron las personas que cayeron en su red?

Ejemplo real: Marta, una madre soltera de 40 años, trabajaba como recepcionista en un hotel. Con su salario limitado, a menudo se sentía frustrada y deseaba encontrar una forma de generar dinero extra. Después de asistir a un webinar sobre "inversiones en criptomonedas", donde se le prometió que ganaría grandes cantidades en poco tiempo, invirtió $2,000 en el esquema, solo para perderlo todo.

Emprendedores y personas con negocios pequeños: Muchos de los estafados eran propietarios de pequeñas empresas o personas que querían iniciar su propio negocio. Se les prometió que sus inversiones los harían ganar dinero rápido y les permitirían expandir sus negocios sin tener que esperar años de trabajo duro.

Ejemplo real: Carlos, dueño de una tienda de reparación de teléfonos, invirtió $5,000 después de ver un testimonio en un webinar de una persona que aseguraba haber transformado su negocio gracias a una inversión en criptomonedas. Después de unos meses, Carlos descubrió que el sitio web donde había invertido había desaparecido, junto con su dinero.

Los webinars y las presentaciones en línea fueron claves en el proceso de persuasión. Las víctimas fueron atraídas por las promesas de rendimientos rápidos y altos. La banda usaba un lenguaje que apelaba a las emociones, haciéndoles creer que esta era una oportunidad única que no podían dejar pasar.

Jóvenes con aspiraciones financieras: Muchos de los estafados eran jóvenes adultos, entre 25 y 35 años, que soñaban con la libertad financiera. Estos individuos eran muy activos en redes sociales y seguían a "influencers" financieros que promovían la idea de obtener riqueza rápida a través de inversiones en línea.

Ejemplo real: Javier, un joven de 28 años, estaba cansado de vivir de sueldo en sueldo. Tras ver varios videos de personas que decían haber hecho grandes ganancias en poco tiempo con inversiones en criptomonedas, decidió invertir sus ahorros de $1,500. A las pocas semanas, el sitio web dejó de funcionar, y su dinero desapareció.

Personas con un historial de pérdidas financieras: Muchos de los estafados ya habían perdido dinero en otras oportunidades de inversión y, por desesperación, se sintieron atraídos por la promesa de recuperar sus pérdidas. La banda aprovechó esta vulnerabilidad emocional para vender la idea de que, esta vez, sí funcionaría.

Ejemplo real: Ana, de 55 años, había perdido dinero en varias inversiones previas, incluyendo acciones de empresas que no resultaron ser rentables. La promesa de ganancias rápidas y sin esfuerzo fue lo que la llevó a invertir otros $3,000 en el esquema. Al final, quedó devastada al descubrir que había sido engañada nuevamente.

Un aspecto clave de la persuasión de la banda fue el uso de testimonios falsos o fabricados. Se presentaban historias de personas comunes que decían haber transformado sus vidas gracias a la inversión en el sistema. Estos testimonios, a menudo acompañados de fotos falsas o manipuladas, jugaban un papel crucial en crear una sensación de confianza y credibilidad.

Las víctimas a menudo compartían sus experiencias en grupos privados de Facebook o WhatsApp, donde se intercambiaban historias sobre lo fácil que había sido ganar dinero con el sistema. La banda aprovechó esto para difundir historias positivas que ayudaban a construir una narrativa atractiva.

Ejemplo real: Enrique, un hombre de 50 años que estaba buscando un plan de inversión para su jubilación, vio una publicación en Facebook de un supuesto "inversor exitoso" que aseguraba haber ganado $50,000 en tres meses. Convencido por el testimonio, Enrique depositó $10,000 en el sistema, solo para darse cuenta demasiado tarde de que todo era una mentira.

Uno de los métodos más efectivos de la banda fue el uso de la urgencia. Se decía a las víctimas que las oportunidades de inversión eran limitadas y que si no actuaban rápidamente, perderían la oportunidad de ganar dinero fácil. Esto creaba una sensación de miedo a perderse algo y empujaba a las personas a tomar decisiones impulsivas.

Durante los webinars, se mencionaba que las plazas para invertir en el sistema estaban "a punto de agotarse" o que los rendimientos ofrecidos eran solo válidos para quienes se registraran en los próximos minutos. Esto hacía que las personas sintieran que tenían que tomar una decisión rápida, sin tiempo para reflexionar.

Las víctimas, como Marta, Carlos y Javier, compartían un denominador común: la promesa de una riqueza rápida que parecía a su alcance. Estos no eran individuos sin experiencia en el mundo financiero, sino personas comunes que, por diversas razones, se encontraron buscando una oportunidad de mejorar su situación económica.

Marta, una madre soltera de 40 años, llevaba meses luchando por equilibrar su trabajo de medio tiempo con el cuidado de su hija. Cuando vio el anuncio del webinar sobre inversiones en criptomonedas, le pareció la oportunidad perfecta para cambiar su vida. Durante la presentación, un supuesto experto en finanzas le aseguró que, con una pequeña inversión de $2,000, podría empezar a generar ganancias en un par de meses. "Es una oportunidad única", le dijeron, "y las ganancias son casi garantizadas si actúas ahora". Con el corazón lleno de esperanza, Marta decidió invertir todo lo que tenía ahorrado para asegurar el futuro de su hija. Un par de semanas después, el sitio web donde había hecho la inversión desapareció. Las promesas de ganancias fáciles resultaron ser solo una ilusión.

Carlos, dueño de una tienda de reparación de teléfonos, se sintió igualmente atraído por la promesa de dinero fácil. Había visto en redes sociales el testimonio de un empresario similar a él, quien afirmaba haber multiplicado sus ingresos mediante una inversión en criptomonedas que le fue presentada a través de un webinar. El testimonio estaba tan bien hecho, tan lleno de detalles y supuestos logros, que Carlos no dudó en invertir $5,000, una suma considerable para él. "Es ahora o nunca", pensó, convencido de que su negocio prosperaría aún más con esta inversión. Pero, como Marta, se encontró con que la plataforma había desaparecido. La falsa promesa de un futuro mejor se desvaneció junto con su dinero.

Javier, un joven de 28 años que trabajaba en un empleo de oficina, también cayó en la trampa. A pesar de no tener mucha experiencia en inversiones, su deseo de encontrar una forma de ganar dinero rápido lo llevó a participar en uno de los webinars promocionados por la banda. Al principio, todo parecía legítimo. Vio los testimonios de personas como él, personas que aseguraban haber cambiado su vida tras invertir en los mismos productos financieros. La idea de hacer crecer su dinero rápidamente era demasiado tentadora para ignorarla. Invirtió $1,500, un monto que para él representaba un esfuerzo considerable. Unos días después, el sitio web dejó de funcionar. Las promesas de ganancias se disolvieron en el aire, dejando a Javier con una sensación de vacío y desconfianza hacia el mundo de las inversiones.

Estas historias no son aisladas. Son solo algunos ejemplos de las miles de personas que cayeron en las garras de estos estafadores. La banda utilizó una fórmula comúnmente probada: una promesa de riqueza rápida, respaldada por testimonios falsos y la persuasión psicológica que apelaba a los deseos más profundos de las víctimas: el deseo de mejorar su situación financiera, de encontrar una salida fácil, de lograr una vida mejor para ellos y sus seres queridos.

El uso de testimonios falsos jugó un papel fundamental en la construcción de la confianza. Las historias de éxito, cuidadosamente fabricadas y repetidas por los supuestos inversores satisfechos, hicieron que las víctimas se sintieran seguras de que estaban tomando la decisión correcta. Después de todo, si otras personas lo habían logrado, ¿por qué no podrían ellos?

Los estafadores entendían cómo funcionan las emociones humanas. Sabían que la esperanza y el miedo son motores poderosos. La promesa de un futuro mejor y la ansiedad por no perderse una oportunidad única fueron suficientes para que Marta, Carlos, Javier y muchas otras personas depositaran su confianza en ellos. Y una vez que lo hicieron, ya era demasiado tarde.

Lo que estos casos revelan es cómo las promesas de dinero fácil pueden aprovecharse de las emociones humanas más vulnerables. La desesperación económica, el deseo de éxito y la creencia de que alguien, en algún lugar, tiene la fórmula mágica para lograrlo todo, se convirtieron en las herramientas perfectas para los estafadores. No necesitaban un conocimiento profundo del mercado financiero ni una infraestructura compleja; solo necesitaban saber cómo manipular a las personas, cómo tocar las fibras emocionales correctas para hacer que su presa cayera en la trampa.

A medida que más personas fueron atraídas por estos webinars y presentaciones, la red se expandió. Lo que comenzó como un pequeño engaño se convirtió en una operación de estafa masiva, que terminó afectando a miles de personas alrededor del mundo. Las víctimas no solo perdieron dinero; también perdieron la confianza en los sistemas financieros y en las oportunidades que se presentan como "demasiado buenas para ser verdad".

La Apariencia de Legitimidad

Para llevar a cabo una estafa a gran escala, es crucial que los estafadores creen una apariencia de legitimidad. Esta es una de las estrategias más poderosas en el arsenal de cualquier banda que quiera operar sin ser detectada. La organización detrás de este esquema no solo se limitó a engañar a sus víctimas con promesas de ganancias rápidas, sino que también diseñó una fachada profesional y creíble que ayudó a ganarse la confianza de las personas. Desde el primer contacto hasta la última transacción, cada detalle fue meticulosamente calculado para simular que estaban tratando con una empresa legítima.

La primera impresión es clave, y los estafadores lo sabían. Para hacer que su operación pareciera legítima, la banda invirtió grandes cantidades de dinero en crear una oficina física que reflejara el tipo de espacio que se esperaría de una firma financiera de alto nivel. Las fotos de estas oficinas se utilizaron para construir su presencia en línea. Mostraban sillas de lujo, escritorios modernos y equipos de última tecnología, todo diseñado para transmitir una sensación de profesionalismo.

El lugar estaba situado en una zona exclusiva de la ciudad, en un edificio que albergaba varias otras empresas financieras de prestigio. De esta forma, los estafadores crearon una conexión mental entre su falsa firma y los grandes nombres de la industria financiera. Incluso llegaron a contratar a personas que se encargaban de atender las llamadas telefónicas y dar respuestas rápidas y profesionales, lo que aumentaba la sensación de que se trataba de una empresa sólida y confiable.

El aspecto físico de la empresa fue una de las piedras angulares de la estafa. Aunque la banda operaba desde un espacio de oficinas alquiladas que no era de su propiedad, tomaron grandes precauciones para que pareciera que estaban instalados en un edificio corporativo de alto nivel. A pesar de que la empresa nunca había sido registrada formalmente en los lugares donde afirmaba tener sede, los estafadores invirtieron en crear un ambiente de lujo.

Los escritorios eran de madera oscura y las sillas ergonómicas de cuero. En las paredes se colgaban diplomas falsificados de universidades de prestigio y certificados de premios que jamás habían sido otorgados. El objetivo de esta estrategia era asegurarse de que cualquier visita, ya fuera de un posible inversor o un auditor externo, quedara impresionada con la profesionalidad de la empresa.

Aparte de los elementos decorativos, los estafadores mantenían un equipo de secretarias y asistentes cuya tarea principal era responder llamadas telefónicas con frases como: "Gracias por contactar con [nombre de la empresa], ¿en qué podemos ayudarle hoy?". Todo esto estaba diseñado para simular una estructura corporativa real, de modo que las víctimas, al investigar o contactar con la empresa, se sintieran seguras de estar tratando con un actor serio en el mundo financiero.

Uno de los componentes más cruciales de la estafa fue el sitio web. En el mundo actual, una empresa que no tiene presencia en línea está condenada al fracaso, y los estafadores lo sabían. Por eso, crearon un sitio web extremadamente pulido, con un diseño atractivo y una estructura que reflejaba las características de los sitios web de empresas financieras legítimas. Contaba con secciones sobre productos financieros, testimonios de clientes, y información sobre el equipo ejecutivo. Todo parecía muy bien organizado y, sobre todo, profesional.

La página principal mostraba gráficos financieros complejos y colores sobrios, como el azul y el gris, que son comúnmente asociados con la seriedad y la confianza. Había incluso una sección de noticias que pretendía ofrecer contenido relevante sobre el mundo de las inversiones y el mercado financiero. A simple vista, cualquier persona que visitara el sitio web podría pensar que estaba tratando con una entidad financiera internacional.

El sitio web fue probablemente la herramienta más poderosa en la creación de la apariencia de legitimidad. El diseño era casi idéntico al de empresas financieras de alto nivel. Se utilizaban colores como el azul marino y el gris metálico, colores asociados con confianza y profesionalismo en el mundo corporativo. Las imágenes de personas sonrientes, supuestamente inversores satisfechos, acompañaban los testimonios que afirmaban haber hecho enormes ganancias.

El sitio no solo tenía secciones sobre productos de inversión como criptomonedas, bienes raíces y mercados de divisas, sino que también presentaba gráficos financieros interactivos que mostraban una evolución constante en las ganancias. Esto daba la impresión de que el dinero estaba creciendo de manera estable y controlada. Además, la banda implementó una sección de noticias financieras que supuestamente mostraba las últimas tendencias del mercado, ayudando a crear la imagen de que la empresa estaba a la vanguardia de la industria.

La estrategia detrás de estos gráficos era utilizar datos manipulados que mostraban resultados favorables para los inversores, haciendo que se sintieran confiados al tomar decisiones de inversión. Este uso de información falsa era crucial para que los inversores se sintieran seguros de que su dinero estaba siendo manejado de forma profesional y efectiva.

Otro aspecto clave de la fachada de legitimidad fue la inclusión de testimonios falsos de supuestos clientes satisfechos y expertos del sector. Estos testimonios fueron cuidadosamente redactados y presentados en el sitio web, mostrando a personas que afirmaban haber obtenido grandes ganancias a través de las inversiones ofrecidas. Los testimonios eran acompañados de fotos de personas sonrientes, supuestamente clientes que habían cambiado su vida gracias a las inversiones.

Además, los estafadores contrataban a influencers y personas con reputación en el ámbito financiero para dar su aval a la empresa. Estos individuos no sabían que estaban participando en un engaño. Les pagaban una cantidad de dinero para que publicaran en sus redes sociales o participaran en entrevistas donde hablaban positivamente sobre los servicios de la banda. Este tipo de aval externo generaba una credibilidad falsa que reforzaba la ilusión de que la empresa era genuina y exitosa.

Los testimonios fueron un pilar fundamental de la estrategia de persuasión de la banda. No se trataba solo de opiniones genéricas, sino de relatos detallados que reflejaban a personas reales con historias conmovedoras de éxito. Cada testimonio estaba cuidadosamente elaborado para parecer auténtico. Las víctimas de la estafa que se convertían en "testigos" nunca habían existido realmente, pero sus relatos fueron escritos por los propios estafadores.

Un ejemplo de esto es el testimonio de "Claudia Pérez", una supuesta madre soltera que afirmaba haber ganado 50,000 euros en solo tres meses de inversión. Su relato detallaba cómo había utilizado la plataforma de inversión de la empresa para generar ingresos mientras se ocupaba de sus hijos, destacando lo fácil y rápido que fue el proceso. Este tipo de historias generaba una conexión emocional con el público, creando una sensación de que cualquiera podría lograr el mismo éxito.

Para aumentar la credibilidad de los testimonios, los estafadores crearon perfiles ficticios en redes sociales, en los que personas como Claudia Pérez supuestamente compartían su experiencia con la empresa. Esos perfiles mostraban fotos de viajes, compras y una vida de lujo que reforzaba la idea de que la inversión era la clave para alcanzar la libertad financiera.

Para atraer a más víctimas, los estafadores organizaban webinars gratuitos donde ofrecían información valiosa sobre cómo invertir y ganar dinero de forma rápida. Durante estos eventos en línea, los presentadores, que a menudo vestían trajes elegantes y hablaban con fluidez sobre finanzas, convencían a los asistentes de que estaban ante una oportunidad única. Los participantes eran animados a tomar decisiones rápidas, y la sensación de exclusividad se veía reforzada por frases como: "Esta es una oportunidad que solo se presenta una vez en la vida" o "Los primeros en invertir verán las mayores ganancias".

La atmósfera creada durante estos webinars era similar a la de una oficina de inversiones legítima. Los estafadores usaban gráficos interactivos, presentaciones visualmente atractivas y un lenguaje técnico para dar la impresión de que estaban ofreciendo una formación profesional sobre el mercado de criptomonedas. La estrategia era hacer que los participantes se sintieran parte de un grupo selecto que estaba siendo guiado por expertos.

Los webinars fueron otro componente clave en la creación de una sensación de urgencia y exclusividad. Estos eventos en línea se realizaban varias veces a la semana y estaban diseñados para atraer a una audiencia amplia, a menudo a través de anuncios pagados en redes sociales y en sitios web financieros. Durante estos seminarios web, los presentadores, generalmente personas carismáticas y con apariencia profesional, hablaban sobre cómo los inversores podían aprovechar las "oportunidades del mercado".

Lo que realmente sucedía en estos webinars era que los estafadores utilizaban psicología de masas para manipular a la audiencia. Usaban frases como: "Los primeros 20 en registrarse obtendrán acceso a un plan exclusivo" o "El mercado está en su punto más bajo, ahora es el momento perfecto para invertir". Estas frases estaban diseñadas para hacer que los asistentes sintieran que estaban a punto de perderse una gran oportunidad. La estrategia era presionar a las personas para que tomaran decisiones rápidas sin pensar demasiado.

Los presentadores también introducían historias de éxito de clientes ficticios que supuestamente habían comenzado con pequeñas inversiones y ahora estaban disfrutando de una vida de lujo gracias a su participación en el programa. Esta narrativa persuasiva reforzaba la ilusión de que, al invertir en el programa, cualquiera podría alcanzar la prosperidad financiera en poco tiempo.

En su sitio web, los estafadores también mostraban certificados de autenticidad y licencias de supuestas entidades regulatorias. Estos documentos fueron creados de manera fraudulenta, con logotipos falsos y números de registro inventados. La presencia de estos certificados fue otro elemento que ayudó a reforzar la apariencia de legitimidad de la empresa. Al ver estos documentos, los inversores potenciales sentían que estaban operando dentro de un marco regulado, lo que les daba mayor seguridad para proceder con sus inversiones.

Los estafadores también usaron certificados y licencias falsas para generar la ilusión de que estaban cumpliendo con las normativas legales y financieras. Estos documentos fraudulentos, que incluían certificados de registro con logotipos de organismos regulatorios internacionales, se mostraban con frecuencia en su sitio web. De esta forma, los inversores podían ver que la empresa estaba "acreditada" por entidades regulatorias y que su dinero estaba protegido.

Sin embargo, estos certificados no eran más que imágenes diseñadas en programas de diseño gráfico, sin ningún tipo de validez legal. El objetivo era crear una falsa sensación de seguridad, para que las víctimas no dudaran en transferir grandes sumas de dinero, creyendo que su inversión estaba bajo la supervisión de autoridades competentes.

Otro componente de la fachada de legitimidad fue el sistema de soporte al cliente. Los estafadores operaban un call center que parecía estar disponible las 24 horas del día. Las víctimas podían contactar con agentes que, con tono amable y profesional, resolvían cualquier duda que tuvieran sobre los productos financieros. Estos agentes eran entrenados para dar respuestas rápidas y tranquilizadoras, lo que ayudaba a mantener la confianza de los inversores, quienes sentían que estaban tratando con un servicio de atención al cliente de calidad.

El sistema de soporte al cliente fue otro pilar de la fachada de legitimidad. Los estafadores contrataban a personas para trabajar como agentes de servicio al cliente, quienes operaban en turnos para ofrecer atención durante todo el día. Estos agentes eran entrenados para responder de manera profesional y rápida, proporcionando a las víctimas información convincente sobre cómo hacer inversiones, cómo retirar ganancias, y cómo gestionar su dinero dentro de la plataforma.

A pesar de que las respuestas eran siempre corteses y competentes, lo que realmente sucedía detrás de escena era que las solicitudes de retiro de los inversores eran sistemáticamente ignoradas o rechazadas. El equipo de soporte solo servía para mantener la ilusión de un servicio profesional, mientras los estafadores seguían robando a las víctimas.

Con esta expansión de las estrategias de engaño, podemos ver cómo la banda utilizó una combinación de imágenes, tácticas psicológicas y manipulación de la información para crear una fachada de legitimidad. Cada elemento, desde el sitio web hasta los webinars y el soporte al cliente, fue diseñado para engañar a las personas, haciéndoles creer que estaban invirtiendo en una oportunidad financiera legítima.

El Poder del Nombre: Figuras Ficticias de Autoridad

Para que la estafa ganara aún más tracción y se presentara como un negocio legítimo, los estafadores recurrieron a una estrategia muy eficaz: asociarse, aunque de manera falsa, con figuras de autoridad en el sector financiero. Estas personas, muchas de las cuales eran de gran prestigio y respetadas por su conocimiento en el mundo de las finanzas, fueron utilizadas de manera engañosa para darle un sello de confianza a la empresa.

El uso de sus nombres y rostros fue una táctica especialmente efectiva para ganar la confianza de los potenciales inversores. Los estafadores publicaban entrevistas falsas o creaban declaraciones donde estas figuras, en apariencia, respaldaban el negocio de la empresa. Estos testimonios falsos eran presentados en forma de videos, artículos de blog y posts en redes sociales. De esta forma, los estafadores podían dar la impresión de ser parte de un círculo de élite.

Un ejemplo claro fue el uso del nombre de Carlos Rodríguez, un ex ejecutivo bancario de renombre, cuyo perfil fue creado a medida para dar la apariencia de que era un asesor clave de la empresa. Aunque no existía en la realidad, su nombre apareció en diversas publicaciones y entrevistas. Los inversores que caían en la trampa se sentían más seguros al saber que alguien con experiencia y credibilidad estaba involucrado en la gestión de sus fondos.

En algunos casos, los estafadores llegaron incluso a inventar asociaciones con inversores reales que ya eran conocidos en el sector. A través de artículos falsificados en medios de comunicación o en el mismo sitio web de la empresa, se anunciaban como socios de empresas o fondos de inversión que, en realidad, nunca habían tenido ninguna relación con ellos.

Un caso particularmente interesante fue el de un supuesto "fondo de inversión" que estaba siendo dirigido por un "grupo de inversores experimentados". En realidad, las personas que se mencionaban como parte de este fondo nunca habían sido contactadas ni mucho menos habían dado su aprobación para ser asociadas con la empresa. Los estafadores tomaron sus nombres y los utilizaron para crear una red de conexiones falsas que aumentara la percepción de legitimidad de la operación.

Además de las figuras del sector financiero, los estafadores se asociaron con influencers en redes sociales, a menudo del ámbito de la educación financiera o motivación empresarial. Estos influencers, que a menudo tienen una gran cantidad de seguidores, son conocidos por recomendar productos y servicios a su audiencia. Los estafadores aprovecharon esta credibilidad social para lanzar campañas de marketing engañosas, ofreciendo a los influencers grandes comisiones a cambio de promocionar sus "productos de inversión" en sus redes.

En algunos casos, estos influencers fueron completamente engañados, sin saber que estaban promoviendo una estafa. En otros, las figuras públicas aceptaron el acuerdo, ya sea por falta de conocimiento sobre la verdadera naturaleza del negocio o por compensación económica.

Uno de los ejemplos más impactantes fue la asociación con un conocido youtuber de finanzas, quien en sus videos promovió la plataforma de inversión de la banda, mostrando cómo supuestamente se podía generar dinero rápido y fácil. Este tipo de publicidad engañosa convenció a miles de personas de que la plataforma era legítima, cuando en realidad solo estaba diseñada para robar dinero.

Para darle aún más peso a su fachada, los estafadores utilizaron falsos certificados y premios que supuestamente les otorgaban asociaciones con empresas de prestigio o entidades regulatorias. A través de alianzas fraudulentas, la banda presentaba estos certificados falsos en su página web y en sus presentaciones para generar la sensación de confianza entre los posibles inversores.

Por ejemplo, uno de los estafadores se presentó como "Premio al Mejor Asesor Financiero" otorgado por una supuesta organización internacional de inversores. Este tipo de reconocimiento falso aumentaba aún más la apariencia de profesionalismo y éxito que la empresa intentaba proyectar. A menudo, estos "premios" eran completamente inventados y no existían en la realidad.

La banda también se hizo pasar por una entidad internacional con conexiones en diversos países, lo que ayudaba a crear una imagen de alcance global. Los estafadores afirmaban estar presentes en varias oficinas internacionales, incluyendo Londres, Nueva York y Dubai, e incluso exhibían direcciones de oficinas ficticias en estas ciudades.

Para respaldar esta narrativa, utilizaban agentes locales que se hacían pasar por expertos en mercados financieros de esas regiones. Estos "agentes" organizaban eventos y seminarios, y promovían la idea de que la empresa estaba operando globalmente, lo que atraía a más víctimas interesadas en la oportunidad de invertir en mercados internacionales.

Además de las figuras de autoridad y los influencers, los estafadores fabricaron testimonios de "socios estratégicos" que supuestamente formaban parte de su red de colaboración. Estos "socios" eran descritos como empresas de consultoría financiera, bancos de inversión o agencias de auditoría, pero al investigarse más a fondo, se descubrió que no existían en la realidad.

Estos testimonios ayudaban a construir una imagen de que la empresa contaba con un respaldo sólido y un sistema financiero robusto. Las víctimas, al ver que los estafadores tenían supuestos aliados en el mundo financiero, se sentían mucho más tranquilas al realizar sus inversiones.

Con estas estrategias de manipulación y la utilización de figuras influyentes, los estafadores lograron crear una red de credibilidad falsa que permitió que su estafa se expandiera rápidamente. Al asociarse con personas y entidades de confianza, incluso sin su consentimiento, pudieron manipular la percepción pública de la empresa y hacerla parecer legítima, atrayendo así a más inversores que cayeron en la trampa.

Para fortalecer la fachada de legitimidad, los estafadores recurrían a la creación de documentos oficiales falsificados que simulaban ser aprobaciones regulatorias, licencias de operación y contratos de asociación con entidades financieras de prestigio. Estos documentos no solo se presentaban en las páginas web de la empresa, sino que también eran enviados directamente a los inversores que solicitaban más información.

Uno de los documentos más utilizados era un certificado falso de regulación financiera, que supuestamente indicaba que la empresa estaba autorizada por entidades como la Comisión de Valores de Europa o la Autoridad Financiera de Conducta en el Reino Unido. Este tipo de documentos creaba la falsa impresión de que la empresa estaba bajo el control de autoridades financieras legítimas, lo que otorgaba a los inversores la sensación de que sus fondos estaban protegidos y eran manejados de manera segura.

Además de estos certificados, la banda también generaba informes falsos de auditoría que mostraban las supuestas revisiones y aprobaciones de grandes firmas de auditoría. Estos informes incluían supuestos detalles de los estados financieros de la empresa, donde se aseguraba que la compañía estaba obteniendo grandes beneficios y estaba en una posición financiera sólida. A través de estos documentos falsificados, los estafadores lograban ganarse la confianza de los inversores y darles la sensación de que estaban invirtiendo en una empresa que cumplía con todas las normativas legales.

Para reforzar aún más la falsa sensación de seguridad, los estafadores contrataban a auditores de fachada: empresas o individuos que se presentaban como expertos en auditoría financiera, pero que en realidad no realizaban ninguna revisión independiente de las finanzas de la empresa. Estos auditores no solo falsificaban sus informes, sino que también ofrecían testimonios falsos sobre la solidez y transparencia de la operación.

Estos auditores eran presentados en la web de la empresa como entidades certificadas, muchas veces asociándolos con nombres reconocidos en la industria de auditoría. Los inversores, al ver que una empresa conocida estaba validando la situación financiera de la empresa, se sentían seguros al invertir su dinero, creyendo que sus fondos estaban siendo gestionados de manera responsable y legal.

En algunos casos, los auditores de fachada organizaban visitas ficticias a las oficinas de la empresa, donde invitaban a inversores a ver las operaciones en acción, aunque todo estaba cuidadosamente orquestado para dar la apariencia de seriedad y profesionalismo. Los inversores que visitaban las oficinas no se daban cuenta de que los empleados y el personal eran actores contratados y que las operaciones que presenciaban eran completamente falsas.

Una de las promesas más convincentes que la banda utilizaba para atraer a nuevos inversores era la promesa de protección de los fondos. A través de correos electrónicos, seminarios web y videos, se aseguraba a los inversores que sus dinero estaba completamente asegurado y que la empresa tomaba medidas para proteger sus inversiones mediante seguros especiales, garantías de retorno e incluso fondos de reserva.

Se hablaba de un "fondo de protección" que supuestamente se activaba en caso de que la empresa enfrentara algún problema financiero. Los estafadores hacían hincapié en que este fondo aseguraba que los inversores nunca perderían su dinero, ya que siempre había una cobertura para cualquier eventualidad. Esta promesa de seguridad fue clave para que los inversores no dudaran en poner grandes sumas de dinero, confiando en que sus inversiones estaban protegidas de cualquier riesgo.

En algunos casos, se les decía a los inversores que el dinero invertido estaba blindado contra pérdidas debido a las estrategias de diversificación que la empresa implementaba. De hecho, los estafadores utilizaban este discurso para tranquilizar a las víctimas, presentándoles gráficos y diagramas que mostraban cómo su dinero se estaba invirtiendo en una variedad de activos seguros. Por supuesto, todo esto era pura ficción, pero la presentación visual y las promesas de protección hacían que los inversores se sintieran confiados.

Además de los documentos falsificados y las promesas de seguridad, los estafadores también fabricaban testimonios de víctimas que alegaban haber invertido grandes cantidades de dinero y que nunca habían tenido problemas para recibir sus pagos. Estos testimonios, que eran en su mayoría falsos, se utilizaban para demostrar que el sistema de protección de fondos realmente funcionaba.

Los testimonios eran cuidadosamente elaborados para que parecieran reales, y muchas veces eran presentados en video o como publicaciones de blog en los que las víctimas afirmaban haber recibido grandes rendimientos sin ningún tipo de riesgo. Los estafadores incluso llegaban a organizar eventos en vivo donde estas supuestas víctimas podían compartir sus experiencias con otros inversores potenciales. Esto ayudaba a crear la falsa sensación de seguridad que los inversores necesitaban para dar el siguiente paso y transferir su dinero.

Por último, la banda creó lo que se conoció como un "círculo de confianza", en el que solo aquellos que cumplían con ciertos requisitos (como una cantidad mínima de inversión) podían acceder a información exclusiva sobre las medidas de seguridad que se tomaban. A los inversores se les aseguraba que solo los más privilegiados tendrían acceso a este nivel de protección, lo que aumentaba aún más el deseo de invertir grandes sumas de dinero para entrar en el grupo selecto.

El círculo de confianza también se utilizaba para dar la impresión de que había una comunidad exclusiva de inversores, donde todos compartían la misma confianza en la empresa. Este tipo de exclusividad hacía que los nuevos inversores sintieran que estaban tomando una decisión inteligente al unirse a este grupo selecto, ya que no querían quedar fuera de lo que parecía una gran oportunidad.

La banda logró crear una ilusión de seguridad a través de una serie de tácticas cuidadosamente orquestadas, incluyendo documentos falsificados, auditores de fachada y promesas de protección. Todo esto fue diseñado para engañar a los inversores, haciéndoles creer que sus fondos estaban seguros y que la empresa era completamente legítima. Esta sensación de protección fue clave para que las víctimas confiaron sus ahorros, lo que permitió que la estafa prosperara y creciera.

El uso de estos engaños subraya la sofisticación de las tácticas empleadas, y cómo la banda jugó con las emociones y deseos de las personas para lograr su objetivo: robar el dinero de las víctimas. Este capítulo muestra cómo la falsa sensación de seguridad fue uno de los pilares que permitió a la estafa operar durante tanto tiempo, mientras las víctimas caían en la trampa sin sospechar nada.

La Trampa Se Cierra - El Ciclo de Inversión

Al principio, la estafa parecía legítima. Los primeros inversores, atraídos por las promesas de altos rendimientos y la falsa sensación de seguridad, empezaron a recibir pequeños pagos. Estos pagos, aunque modestos, eran suficientes para generar una falsa sensación de éxito y confianza. Las víctimas pensaban que su dinero estaba siendo invertido de manera efectiva, y algunos incluso comenzaron a ver sus primeros retornos. El ciclo de inversión estaba en marcha, y las promesas de grandes ganancias seguían fluyendo, haciendo que más personas se unieran a la "oportunidad" que les había sido presentada.

Las primeras ganancias, aunque pequeñas, fueron clave para mantener la ilusión de que la empresa era legítima. Los estafadores, sabiéndose parte de un juego más grande, no tenían la intención de devolver lo invertido con ganancias genuinas, sino de usar el dinero de los nuevos inversores para cubrir los pagos a los anteriores. Este es el principio básico de un esquema Ponzi: los pagos no provienen de las ganancias de la inversión, sino del dinero de aquellos que se incorporan después. A medida que las víctimas recibían estos pagos, la confianza en la empresa aumentaba. Sentían que su inversión estaba creciendo y, en consecuencia, muchos decidieron aumentar su aporte, convencidos de que estaban participando en algo que les beneficiaría a largo plazo.

A medida que más personas se unían, el volumen de dinero aumentaba, lo que permitía a los estafadores seguir pagando a los primeros inversores y, a su vez, atraer a más víctimas. Este ciclo de entradas y salidas de dinero se repetía, creando una sensación de estabilidad y crecimiento constante. Los estafadores lograron, por un tiempo, mantener el flujo de pagos con dinero fresco proveniente de nuevos inversores, lo que daba la apariencia de que el negocio realmente estaba generando altos rendimientos.

Sin embargo, la trampa era insostenible. Los estafadores no estaban generando ningún tipo de ganancia real. No había inversiones en activos legítimos, no había proyectos financieros detrás de las promesas, solo una gran mentira. La ilusión de rentabilidad se construyó sobre un castillo de naipes que, inevitablemente, iba a colapsar. Cuanto más dinero invertían las víctimas, más grande se hacía la bola de nieve, pero también más difícil se volvía el mantenimiento del esquema.

Los estafadores se aseguraban de mantener la fachada de credibilidad al continuar enviando pagos periódicos a los primeros inversores. De esta manera, aquellos que ya habían recibido algún tipo de ganancia seguían creyendo que el sistema era legítimo y no dudaban en reinvertir sus fondos o atraer a nuevos participantes. Este ciclo de repetición generaba una falsa sensación de seguridad que mantenía a las víctimas atrapadas, creyendo que sus decisiones financieras estaban respaldadas por un sistema sólido y bien gestionado.

Los pagos que se realizaban no eran más que dinero reciclado. Cuando un inversor retiraba fondos, lo que recibía no era fruto de su inversión original, sino dinero que alguien más había depositado. Este patrón, que parecía inocente en sus primeras etapas, se fue haciendo más evidente conforme la banda crecía. En lugar de generar ganancias, el dinero simplemente circulaba de un lado a otro, sin ningún tipo de valor real detrás de las transacciones. La banda, al igual que en un esquema

Ponzi, utilizaba el dinero de los nuevos inversores para satisfacer las demandas de los antiguos, manteniendo el flujo de pagos hasta que, inevitablemente, el sistema colapsara.

A medida que la banda recaudaba más fondos, algunos inversores empezaron a despertar. Algunos comenzaron a dudar de la viabilidad del negocio, pero, por el momento, la gran mayoría seguía atrapada en la trampa. Cuando las víctimas trataban de retirar grandes cantidades de dinero, la banda comenzaba a poner excusas sobre los procedimientos, sugiriendo que había retrasos administrativos o que había ciertos requisitos adicionales que debían cumplirse para liberar los fondos. Estas excusas servían para mantener la ilusión de que la operación seguía en marcha y, al mismo tiempo, para ganar tiempo mientras el esquema se mantenía en pie.

A lo largo de este proceso, los estafadores se volvieron más astutos. La comunicación con los inversores se mantenía constante y fluida, y a menudo incluían promesas de mayores rendimientos a medida que se alcanzaban ciertos hitos. Los correos electrónicos, seminarios web y mensajes personales continuaban alimentando el deseo de los inversores de ganar más dinero. Los nuevos participantes, atraídos por los testimonios de los inversores existentes, se sentían más seguros y convencidos de que estaban tomando la decisión correcta al seguir invirtiendo.

A medida que el flujo de dinero comenzó a disminuir y las promesas de rendimientos ya no podían cumplirse, la banda optó por cerrar la operación. Habían logrado recaudar una cantidad significativa de dinero, suficiente para escapar con las ganancias de aquellos que habían confiado en su "negocio". Las señales de advertencia comenzaron a ser más evidentes, pero muchos aún no querían aceptar la realidad: el esquema Ponzi ya no era sostenible.

Los pagos a los inversores se hicieron cada vez más irregulares. Lo que comenzó como una empresa que ofrecía retornos consistentes y confiables se convirtió en una serie de excusas. Los estafadores alegaron "problemas técnicos" o "dificultades administrativas" para retrasar los pagos. Las víctimas, confiadas por las promesas previas, comenzaron a inquietarse, pero los pagos seguían fluyendo, aunque de forma más lenta y menos frecuente. Los más astutos empezaron a intentar retirar grandes cantidades de dinero, pero ya era demasiado tarde. Los fondos estaban desapareciendo.

Fue en este punto cuando la banda tomó la decisión final: cerraron la operación por completo. De un día para otro, los sitios web desaparecieron, las líneas telefónicas dejaron de funcionar, y los correos electrónicos no recibían respuesta. Los estafadores se desvanecieron sin dejar rastro, y las víctimas se encontraron con las manos vacías, sin ninguna forma de recuperar lo perdido.

En algunos casos, los líderes de la banda disolvieron de inmediato todas las entidades relacionadas con el esquema, eliminando las cuentas bancarias, desactivando los portales de inversión y dejando todo atrás. Las víctimas, ahora conscientes de que habían sido engañadas, intentaron ponerse en contacto con los responsables, pero fue en vano. Los nombres de las empresas fueron borrados, los correos electrónicos cambiaron, y los números de contacto fueron desconectados. El colapso fue absoluto.

Este tipo de estafas tiene una característica común: cuando el esquema empieza a desmoronarse, los responsables se desaparecen rápidamente. Al principio, habían sido astutos, utilizando nombres y títulos prestigiosos para ganarse la confianza de los inversores, pero una vez que la bola de nieve dejó de crecer y el dinero dejó de llegar, no tuvieron más opción que escapar. Para ellos, el juego había terminado, y ya no había nada que pudieran hacer para evitar que sus víctimas se dieran cuenta de la magnitud de la estafa.

En muchos casos, las víctimas perdieron todo lo invertido, sin esperanza de recuperar su dinero. Algunos, ya conscientes de que se trataba de una estafa, intentaron buscar respuestas en foros en línea o redes sociales, compartiendo sus historias con otros. Pero el daño ya estaba hecho. Las pérdidas fueron significativas y, en algunos casos, irreparables. Muchos inversores quedaron con deudas acumuladas, habiendo pedido prestado para realizar su inversión, convencidos por las promesas de altos rendimientos.

En otras ocasiones, las víctimas más vulnerables, que habían depositado grandes sumas de dinero, no solo perdieron sus ahorros, sino que también se vieron afectadas emocionalmente. La confianza que habían puesto en los promotores de la inversión se transformó en una amarga sensación de traición. La vergüenza de haber caído en el engaño hizo que muchos de ellos no hablaran abiertamente sobre lo ocurrido, ocultando su sufrimiento por miedo al juicio o a la ridiculización.

El colapso también tuvo un impacto en la comunidad de inversores. Aquellos que se habían beneficiado inicialmente del esquema, recibiendo pagos, comenzaron a cuestionar sus propios principios y a sentirse culpables por no haber visto las señales de advertencia a tiempo. Aunque muchos se habían beneficiado de los primeros pagos, la culpa de haber atraído a nuevos inversores para alimentar el sistema no tardó en llegar.

El desmoronamiento de la operación fue un proceso que, aunque rápido, dejó secuelas duraderas. La desconfianza en las inversiones online y en los productos financieros poco transparentes aumentó, aunque para algunos, la lección llegó demasiado tarde. Las víctimas que quedaron atrapadas en el ciclo del Ponzi se dieron cuenta de que el dinero fácil que se les había prometido no era más que una ilusión construida sobre mentiras.

El colapso final de la banda fue inevitable. Después de haber recaudado suficientes fondos y de haber mantenido el engaño durante un tiempo, los responsables simplemente cerraron la operación, dejando a las víctimas con las manos vacías. Al hacerlo, pusieron fin a un ciclo de falsas promesas, engaños y estafas que habían llevado a muchas personas a perder grandes sumas de dinero. El impacto fue devastador para los inversores, que no solo sufrieron pérdidas económicas, sino también un profundo golpe emocional.

Este capítulo resalta cómo las estafas financieras, aunque puedan parecer inofensivas al principio, pueden llevar a un colapso rápido y destructivo cuando los estafadores ya no tienen más fondos que ofrecer. El final de esta operación es solo un recordatorio de cómo la ilusión de ganancias rápidas puede llevar a las personas a tomar decisiones precipitadas y, en última instancia, a ser víctimas de una gran estafa.

La Investigación

Tras meses de una minuciosa y compleja investigación, el 20 de noviembre 2024 se llevó a cabo un amplio operativo que marcó un golpe decisivo contra una red criminal dedicada a la estafa a gran escala. La acción policial incluyó la entrada y registro de cinco domicilios y siete oficinas estratégicamente localizadas en Madrid, Rivas-Vaciamadrid y San Sebastián de los Reyes, lo que permitió desmantelar la infraestructura de esta sofisticada organización.

Durante los registros, las autoridades lograron incautar una considerable cantidad de bienes que reflejan la magnitud de las actividades ilícitas de la banda. Entre los objetos confiscados se encuentran 200.000 euros en efectivo, cuatro vehículos de alta gama, más de 40 teléfonos móviles, 12 relojes de lujo, material informático avanzado, y 21 piezas de arte y facsímiles valorados colectivamente en más de 200.000 euros. Estos elementos no solo evidencian el nivel de vida ostentoso de los líderes de la organización, sino también su intento de diversificar y ocultar los beneficios obtenidos mediante sus delitos.

El operativo culminó con la detención de 33 personas, todas de nacionalidad española y con edades comprendidas entre los 19 y los 40 años. Los detenidos, considerados piezas clave en el funcionamiento de esta organización criminal, enfrentan acusaciones graves que incluyen delitos de estafa, blanqueo de capitales y pertenencia a una organización criminal. Tras su captura, fueron puestos a disposición judicial para responder por sus actos ante la justicia.

Este operativo no solo representa un avance significativo en la lucha contra el fraude financiero, sino que también envía un mensaje contundente sobre la capacidad de las autoridades para desarticular redes complejas y proteger a las víctimas de este tipo de crímenes. Sin embargo, el impacto de las actividades de esta banda y el daño causado a sus numerosas víctimas continúa siendo un recordatorio de la necesidad de mantenerse alerta y de fortalecer los mecanismos de prevención contra estas estafas.

La Búsqueda de Justicia

Cuando la estafa llegó a su punto culminante y las víctimas se dieron cuenta de que habían sido engañadas, el siguiente paso natural fue tratar de buscar justicia. Sin embargo, lo que muchos no sabían era que este proceso sería mucho más complicado de lo que imaginaban.

Las primeras reacciones de las víctimas fueron de incredulidad y, en muchos casos, desesperación. Algunos se sintieron completamente impotentes al descubrir que no solo habían perdido grandes sumas de dinero, sino que también habían sido engañados por lo que parecía ser una entidad legítima. El impacto emocional fue profundo, ya que muchos de los inversores no solo perdieron su dinero, sino que también vieron su confianza quebrada.

Al principio, la mayoría de las víctimas intentó contactar directamente con la empresa que los había estafado, esperando que pudieran recibir algún tipo de reembolso o solución. Sin embargo, la mayoría de las líneas telefónicas y correos electrónicos fueron ignorados, y las respuestas fueron evasivas o contradictorias. Las promesas de reembolsos o soluciones nunca se materializaron, y la sensación de estar atrapados en un ciclo sin salida se apoderó de ellos.

Una de las primeras barreras para la justicia fue la dificultad de identificar a los responsables. La banda de estafadores, como era de esperarse, había trabajado de manera extremadamente meticulosa para ocultar su identidad y las conexiones entre los diferentes miembros del grupo. Utilizaron identidades falsas, cuentas bancarias internacionales y sistemas de encriptación que dificultaban el rastreo de las transacciones.

Los pocos rastros que quedaron fueron intencionadamente borrosos, dejando a las autoridades con pocas pistas concretas.

En muchos casos, los estafadores habían operado desde fuera del país, lo que complicaba aún más las investigaciones. Las leyes de diferentes países, las jurisdicciones internacionales y las dificultades para obtener pruebas fueron obstáculos adicionales que las víctimas tuvieron que enfrentar.

Al principio, las autoridades locales mostraron interés en investigar el caso. Se iniciaron varias denuncias formales y se recopilaron testimonios de las víctimas, pero el proceso fue largo y tedioso. Los recursos disponibles para investigar fraudes financieros a gran escala eran limitados, y las fuerzas policiales tuvieron que priorizar otros casos más urgentes. En algunos países, la falta de cooperación internacional dificultó la comunicación entre las autoridades, lo que retrasó aún más las investigaciones.

Los abogados de las víctimas intentaron presentar demandas colectivas, pero los procedimientos legales fueron largos y costosos. En muchos casos, los afectados se encontraron con que los estafadores ya habían desviado el dinero a cuentas bancarias que estaban fuera del alcance de las autoridades. Aunque algunas víctimas lograron iniciar procedimientos legales, la mayoría se sintió frustrada por la falta de avances.

A pesar de que muchas víctimas intentaron tomar medidas legales, la falta de una protección clara para los inversionistas fue evidente. Las leyes de protección al consumidor y las regulaciones sobre inversiones en muchos países no estaban preparadas para enfrentar fraudes de este tipo, especialmente cuando involucraban operaciones internacionales y complejas. Las víctimas se encontraron luchando no solo contra los estafadores, sino también contra un sistema legal que parecía estar un paso atrás.

A medida que el caso fue ganando atención, los medios de comunicación comenzaron a cubrir la estafa, lo que permitió que más personas se unieran a la denuncia. Sin embargo, los medios también jugaron un papel ambivalente. Mientras algunos se comprometieron a ayudar a las víctimas, otros comenzaron a cuestionar la veracidad de las acusaciones, y algunos informes minimizaban la magnitud de la estafa. La cobertura mediática variada contribuyó a la confusión general, lo que hizo aún más difícil para las víctimas encontrar una vía clara hacia la justicia.

A pesar de los esfuerzos por obtener justicia, la mayoría de las víctimas nunca vieron recuperar su dinero. La estafa, al ser tan compleja y global, permitió que los responsables se movieran rápidamente, disolvieran sus operaciones y ocultaran sus huellas. En algunos casos, se detuvo a miembros menores de la banda, pero los líderes permanecieron en la sombra, con una red de contactos que les permitió seguir operando en otras áreas sin ser capturados.

Para las víctimas, la sensación de justicia no llegó. El daño financiero y emocional fue profundo y, en muchos casos, irreversible. La lección que quedó fue clara: los fraudes financieros, especialmente los de gran escala, son difíciles de detener, y las víctimas a menudo quedan atrapadas en un sistema legal que no siempre está preparado para hacer frente a estas situaciones.

La Psicología del Estafador

Para comprender por qué los estafadores cometen delitos tan devastadores, es necesario adentrarse en su psicología. ¿Qué motiva a una persona a crear un esquema tan destructivo? ¿Es el deseo de poder, dinero, o una satisfacción más profunda que no siempre es evidente? La psicología del estafador no es un tema simple ni uniforme, ya que cada individuo puede tener razones distintas, pero hay patrones comunes que pueden ayudarnos a entender su comportamiento.

El deseo de obtener dinero rápido es una motivación central para muchos estafadores, pero esto rara vez es el único factor. Muchos de estos individuos tienen un fuerte deseo de poder y control sobre los demás, lo que les permite manipular y explotar a las víctimas para su propio beneficio. En muchos casos, el dinero no es solo una recompensa material, sino una forma de validación personal y un medio para afirmar su superioridad sobre los demás.

Estafadores de alto nivel, como los involucrados en fraudes financieros a gran escala, a menudo buscan no solo la riqueza, sino también la sensación de invulnerabilidad. Estos individuos desarrollan una mentalidad de "no hay límites" en su búsqueda de beneficios, y pueden justificar sus acciones mediante una narrativa interna que minimiza o ignora el daño que causan a sus víctimas.

La psicología detrás de las estafas también se basa en la habilidad de manipular y controlar a otros. Los estafadores son expertos en crear una ilusión de confianza y seguridad, algo que les permite tejer redes de engaños con facilidad. El placer de ver a las personas caer en sus trampas puede convertirse en una fuente de gratificación emocional. Esta sensación de poder sobre los demás es un factor psicológico importante que los impulsa a seguir adelante con sus actividades fraudulentas.

Además, muchos estafadores tienen una capacidad sobresaliente para leer las emociones y deseos de sus víctimas. Identifican las vulnerabilidades, las inseguridades y las ambiciones de las personas, y las explotan sin remordimientos. Esto no solo hace que sus fraudes sean más efectivos, sino que también les permite operar con mayor sigilo, sin levantar sospechas.

A pesar de las diferencias individuales, existen patrones comunes entre los estafadores que participan en fraudes financieros.

Algunos de estos incluyen:

Carisma y Persuasión: Los estafadores suelen ser individuos carismáticos, con una gran habilidad para convencer a los demás. Suelen ser encantadores, confiados y persuasivos, lo que les permite ganarse la confianza de sus víctimas rápidamente.

Falta de Empatía: Muchos estafadores muestran una notable falta de empatía hacia los demás. Ven a sus víctimas como objetos que pueden usar para alcanzar sus objetivos, sin tener en cuenta el sufrimiento que les causan.

Desconfianza en la Autoridad: Algunos estafadores sienten una profunda desconfianza hacia las instituciones y sistemas establecidos. Ven el fraude como una forma de burlar el sistema y obtener lo que creen que "merecen". En algunos casos, este desprecio por la autoridad puede estar relacionado con experiencias previas de fracaso o rechazo.

Sociopatía y Psicopatía: En algunos casos, los estafadores pueden presentar rasgos de sociopatía o psicopatía, como la manipulación sin remordimientos, la impulsividad y la falta de conciencia de los límites sociales y legales. Estos individuos tienen una capacidad única para engañar y manipular sin sentir culpa por sus acciones.

Uno de los aspectos más complejos de la psicología del estafador es su habilidad para crear una fachada de legitimidad. Utilizan todos los medios a su disposición para proyectar una imagen de seriedad y confianza, a menudo empleando documentos falsificados, sitios web profesionales y conexiones con figuras influyentes. Todo esto está diseñado para crear la ilusión de que están operando dentro de los límites legales y éticos.

La creación de esta fachada es un proceso deliberado, y la psicología detrás de ella está basada en la comprensión de cómo funciona la confianza humana. Los estafadores saben que las personas tienden a confiar en lo que parece profesional y organizado, y aprovechan esta tendencia para engañar a sus víctimas. A medida que las víctimas ven pequeños rendimientos iniciales o se relacionan con otros que parecen tener éxito, la confianza en el sistema se solidifica, y la trampa se va cerrando.

El comportamiento de los estafadores en este caso no es único. A lo largo de la historia, ha habido numerosos casos de fraude financiero que siguen patrones similares. En el caso de Bernie Madoff, por ejemplo, la psicología detrás de su esquema Ponzi también se basó en la creación de una fachada de legitimidad, el uso de relaciones influyentes y la manipulación emocional de las víctimas. Madoff utilizó su reputación como ex presidente del NASDAQ y su acceso a las élites financieras para generar confianza en su esquema, mientras que en el caso de nuestra banda, los líderes se valieron de técnicas de persuasión en línea y la asociación con figuras influyentes para ganar credibilidad.

En ambos casos, la motivación de los estafadores fue principalmente económica, pero también existía una necesidad de poder y control sobre las víctimas. La sensación de estar por encima de las reglas y de manipular a otros sin consecuencias parece ser un factor común entre muchos de los más grandes estafadores de la historia.

El Impacto Económico y Social

Las estafas financieras no solo afectan a las víctimas individuales, sino que tienen un impacto mucho más amplio, tanto en la economía como en la sociedad en general. En este capítulo, exploraremos las repercusiones de este fraude masivo en diferentes niveles, desde las pérdidas personales de las víctimas hasta los efectos a largo plazo sobre la confianza en el sistema financiero y la economía global.

Las víctimas de estafas financieras no solo pierden dinero, sino que también sufren un impacto emocional, psicológico y social devastador. Para muchos, las pérdidas son profundas y afectan su bienestar financiero a largo plazo. Personas que han invertido grandes cantidades de dinero, a menudo sus ahorros de toda la vida o fondos destinados a la jubilación, se ven arrastradas a la desesperación cuando descubren que han sido engañadas.

Pérdida de Ahorros y Seguridad Financiera: Para muchas personas, las estafas financieras son una pérdida catastrófica. Al no poder recuperar su dinero, algunas se ven obligadas a reconfigurar sus vidas, reduciendo su calidad de vida, y en casos extremos, enfrentando la quiebra personal. Este tipo de fraude tiene un efecto devastador, especialmente para aquellos que no tienen otros medios de inversión o una red de apoyo económico.

Estrés Emocional y Psicológico: Las víctimas no solo enfrentan la pérdida material, sino también el impacto emocional. La culpa, la vergüenza y el arrepentimiento son sentimientos comunes entre aquellos que han caído en la trampa de los estafadores. Además, la traición de haber confiado en una entidad que parecía legítima puede generar ansiedad, depresión y una pérdida de confianza en las personas y en las instituciones financieras.

Impacto en la Salud Mental: El estrés financiero derivado de una estafa puede afectar gravemente la salud mental de las víctimas. Los problemas financieros a menudo se vinculan con trastornos de ansiedad y depresión, y la sensación de impotencia frente a una situación fuera de su control puede empeorar el bienestar emocional.

El impacto de estas estafas no se limita a las víctimas individuales. Los efectos se extienden a toda la comunidad financiera y, en última instancia, a la confianza en los sistemas económicos. Cuando una estafa alcanza una magnitud considerable, las personas comienzan a cuestionar la fiabilidad de las instituciones que supervisan las inversiones y el dinero.

Desconfianza Generalizada: Las estafas de gran escala erosionan la confianza en las instituciones financieras. Las víctimas, al ser engañadas por un sistema que aparentemente estaba regulado y seguro, sienten que el sistema está fallando. Esto puede generar una sensación de desconfianza generalizada en el sistema bancario y financiero, lo que puede llevar a un retraimiento de la inversión y la participación en los mercados. Las personas se vuelven más cautelosas, prefiriendo mantener su dinero fuera del sistema, lo que, a su vez, afecta la circulación de capital en la economía.

Repercusiones para la Regulación Financiera: Cuando se descubren estafas de esta magnitud, también se cuestionan las capacidades de las autoridades reguladoras y los organismos encargados de supervisar las actividades financieras. Las críticas a la falta de acción o de vigilancia adecuada surgen de manera inmediata, lo que puede llevar a una revisión y, en algunos casos, a reformas en las políticas y regulaciones financieras. Sin embargo, estos cambios son lentos y, a menudo, no logran prevenir que nuevos fraudes ocurran.

Las estafas financieras a gran escala también tienen repercusiones más amplias en la economía. Cuando miles o incluso millones de personas pierden su dinero, los efectos son devastadores tanto a nivel microeconómico como macroeconómico.

Efecto en el Gasto y el Consumo: Las personas que pierden grandes cantidades de dinero tienden a reducir su consumo. Al perder sus ahorros o fondos de inversión, las víctimas no solo enfrentan dificultades personales, sino que también reducen su capacidad de gasto, lo que afecta a las pequeñas empresas y la economía en general. Esto puede ralentizar el crecimiento económico, ya que el dinero que podría haber sido invertido en bienes y servicios ya no está disponible.

Desaceleración de Inversiones: La pérdida de confianza en las instituciones financieras lleva a un retroceso en las inversiones. Los inversores, temerosos de perder su dinero, prefieren mantener su capital en activos más seguros o incluso fuera del sistema financiero, lo que reduce la disponibilidad de capital para el desarrollo de nuevos proyectos o para la expansión de negocios existentes. Esto puede llevar a una desaceleración en el crecimiento económico, especialmente en economías emergentes donde la inversión extranjera es crucial.

3. Afectación en la Reputación Internacional: Las estafas de gran escala pueden afectar la reputación internacional de los países donde ocurren. Si un país es conocido por ser un refugio para fraudes financieros, las inversiones extranjeras pueden disminuir, ya que las empresas e individuos se alejan de mercados que consideran riesgosos. Esto puede tener un efecto negativo en la balanza comercial, en el empleo y en el desarrollo económico en general.

Más allá de los impactos económicos, las estafas también tienen un costo social significativo. Cuando las personas se sienten traicionadas y explotadas, la cohesión social se ve afectada. La confianza en las instituciones, en las personas y en la justicia se deteriora.

1. Desconfianza Social: Las estafas financieras a gran escala crean un clima de desconfianza no solo en el sistema financiero, sino también en la sociedad en general. Las víctimas, que pueden sentirse avergonzadas por haber caído en el engaño, se vuelven más reacias a confiar en otros, incluso en su círculo cercano. Este tipo de fractura en la confianza puede afectar la solidaridad social y la cooperación en la comunidad.

Desigualdad Económica: Las estafas financieras tienden a afectar desproporcionadamente a las personas de clases sociales más bajas y medias, aquellas que a menudo buscan oportunidades de inversión para mejorar su situación financiera. Al ser las más vulnerables, estas personas enfrentan mayores dificultades para recuperarse de la pérdida. Esto agrava las desigualdades económicas, creando un ciclo de pobreza y frustración para muchos.

El impacto económico y social de las estafas financieras es profundo y duradero. No solo destruye la vida de las víctimas, sino que también afecta la estabilidad económica y social de la comunidad en su conjunto. Las repercusiones de estos fraudes se extienden más allá de la pérdida de dinero, influyendo en la confianza pública, el comportamiento de los inversores y el bienestar social. La lección más importante es la necesidad de crear una mayor conciencia y educación financiera para prevenir futuros fraudes y mitigar sus efectos destructivos.

Cómo Evitar las Estafas Financieras

Las estafas financieras son una amenaza constante para los inversionistas, especialmente en un mundo cada vez más digitalizado y lleno de promesas tentadoras de altos rendimientos. En este capítulo, ofreceremos herramientas prácticas y consejos para identificar las señales de alerta, proteger tus finanzas y evitar caer en esquemas fraudulentos. Al conocer los métodos utilizados por los estafadores, podemos tomar decisiones más informadas y proteger nuestros ahorros.

Las estafas financieras suelen seguir patrones similares. A continuación, algunas señales de alerta comunes que debes tener en cuenta antes de comprometerte con cualquier tipo de inversión.

Promesas de Retornos Excesivos y Rápidos: Si una inversión promete rendimientos elevados sin riesgo en un corto periodo de tiempo, es una bandera roja. Las inversiones legítimas, aunque rentables, requieren tiempo y vienen con cierto nivel de riesgo. Los estafadores utilizan la tentación de obtener grandes ganancias rápidas para atraer a los incautos.

Las estafas financieras a menudo carecen de detalles claros sobre cómo funciona el negocio o cómo se gestionan los fondos. Si no puedes obtener información clara y detallada sobre los riesgos, las estrategias o los antecedentes de la empresa o los responsables, es probable que se trate de un fraude.

Los estafadores suelen presionar a sus víctimas para que inviertan rápidamente, argumentando que la oferta es limitada o que perderán una oportunidad única si no actúan de inmediato. Esta presión para tomar decisiones apresuradas es una táctica común utilizada para evitar que las personas tengan tiempo de investigar o reflexionar.

Testimonios Excesivamente Positivos o Falsos: Muchas veces, los estafadores crean testimonios falsos de personas que afirman haber ganado grandes sumas de dinero. Estos testimonios a menudo están demasiado pulidos o parecen demasiado buenos para ser verdad. Desconfía de los testimonios que no puedes verificar.

Solicitudes de Información Personal Sensible: Si una entidad te pide información personal sensible, como números de tarjetas de crédito, cuentas bancarias o incluso información de tus redes sociales, y no puedes verificar su legitimidad, es un indicio claro de que se trata de un fraude.

Antes de comprometer tu dinero en cualquier inversión, es esencial hacer una investigación exhaustiva. Aquí te damos algunas pautas para verificar la legitimidad de una oportunidad financiera:

Verifica la Empresa o Persona a Través de Fuentes Oficiales: Investiga si la empresa está registrada en los organismos regulatorios pertinentes. En muchos países, las instituciones financieras deben estar autorizadas por entidades gubernamentales o reguladoras. Busca la empresa en registros públicos, sitios web oficiales de reguladores financieros o agencias de protección al consumidor.

Consulta Opiniones y Reseñas de Terceros: Busca opiniones y experiencias de otras personas sobre la empresa o la inversión. Lee reseñas en línea, foros y redes sociales, y presta atención a las advertencias de otras personas que hayan tenido malas experiencias.

Investiga la Identidad de los Fundadores o Responsables: Investiga a las personas detrás de la inversión. Los estafadores suelen ocultar sus identidades o proporcionar información falsa. Si no puedes encontrar detalles verificables sobre los fundadores o responsables, es un signo de alerta.

Solicita un Prospecto o Documento Legal: Una empresa legítima proporcionará documentación clara y legal sobre sus inversiones, incluyendo riesgos y detalles operativos. Si te niegan acceso a estos documentos o se muestran evasivos, eso debería hacerte reconsiderar tu decisión.

Muchos fraudes se presentan bajo la premisa de ingresos pasivos fáciles, es decir, obtener dinero sin hacer casi nada. Sin embargo, la realidad es que todas las inversiones conllevan riesgos, y las ganancias pasivas nunca son garantizadas. Si una oferta suena demasiado buena para ser verdad, probablemente lo sea.

Desconfía de las Inversiones en Criptomonedas No Reguladas: Aunque las criptomonedas pueden ser una inversión legítima, muchos estafadores las utilizan como gancho. Las ofertas de criptomonedas sin regulación, promesas de grandes rendimientos o esquemas piramidales en este sector son muy comunes. Asegúrate de invertir solo en plataformas de criptomonedas verificadas y reguladas.

Evita los Programas de "Crecimiento Rápido": Los estafadores a menudo utilizan plataformas que prometen crecimiento exponencial con poco o ningún riesgo. No existen fórmulas mágicas para multiplicar el dinero de forma rápida. Las inversiones legítimas son aquellas que se basan en principios financieros sólidos y que no prometen ganancias rápidas ni sin esfuerzo.

Una de las mejores maneras de protegerte de las estafas financieras es educarte sobre el mundo de las inversiones y las finanzas personales. Cuanto más sepas, menos probable será que caigas en las trampas de los estafadores.

Aquí algunas sugerencias para mejorar tu educación financiera:

Toma Cursos y Lee Materiales Financieros: Existen innumerables recursos en línea y en bibliotecas que te enseñarán los conceptos básicos de las finanzas personales, la inversión y la gestión del riesgo. Invierte tiempo en aprender los fundamentos de las inversiones y cómo funciona el mercado financiero.

Consulta a un Asesor Financiero Certificado: Si no estás seguro sobre una inversión, consulta con un asesor financiero certificado que pueda ofrecerte una opinión objetiva y ayudarte a evaluar si una oportunidad es legítima o no.

Mantén una Mentalidad Crítica: Desarrolla el hábito de cuestionar las oportunidades que parecen demasiado buenas para ser verdad. No dejes que la emoción o el deseo de ganar dinero rápidamente te nublen el juicio.

Protege Tu Información Personal y Financiera

Los estafadores suelen robar la información personal y financiera de sus víctimas para continuar con el fraude. Asegúrate de tomar medidas para proteger tus datos personales.

Utiliza Contraseñas Fuertes y Autenticación de Dos Factores: Protege tus cuentas en línea con contraseñas seguras y habilita la autenticación de dos factores siempre que sea posible.

Evita Compartir Información Sensible en Redes Sociales: Los estafadores a menudo utilizan las redes sociales para obtener información sobre sus víctimas. No compartas detalles personales, financieros o familiares que puedan ser utilizados para manipularte.

Revisa Regularmente tus Cuentas Bancarias: Monitorea tus cuentas bancarias y tarjetas de crédito con regularidad para detectar cualquier actividad sospechosa. Si encuentras transacciones no autorizadas, repórtalas de inmediato.

eron motivados a contar su "éxito" a amigos y familiares.

Lo que comenzó como una operación discreta en círculos limitados, pronto se expandió. Los "testimonios" de a

La Evolución de las Estafas Financieras

Las estafas financieras han evolucionado con el tiempo, adaptándose a las nuevas tecnologías y a los cambios en el comportamiento de los consumidores. Si bien los fraudes de antaño se basaban principalmente en métodos tradicionales como el engaño cara a cara o la falsificación de documentos, la era digital ha dado lugar a una nueva generación de estafas mucho más sofisticadas y difíciles de detectar. Las redes sociales, los sitios web y las aplicaciones móviles han abierto un abanico de oportunidades para los estafadores, permitiéndoles alcanzar a miles, incluso millones, de personas en cuestión de segundos.

Con el advenimiento de internet, las estafas financieras se han vuelto más accesibles y globales. Los estafadores ya no necesitan una oficina física ni una red de contactos limitada para operar; ahora pueden dirigirse a personas de todo el mundo desde la comodidad de su hogar. Las redes sociales se han convertido en una herramienta crucial para atraer a víctimas potenciales, con mensajes cuidadosamente diseñados para generar confianza y persuasión.

Las estafas de "inversión en criptomonedas", "ofertas iniciales de monedas" (ICO), y los "esquemas Ponzi digitales" son solo algunos ejemplos de cómo los estafadores han aprovechado las plataformas digitales. A menudo, estos fraudes se presentan como oportunidades de inversión en el sector tecnológico, lo que las hace aún más atractivas para un público joven y con poca experiencia en el mercado financiero.

El uso de la tecnología por parte de los estafadores también ha permitido el perfeccionamiento de sus tácticas. Los sitios web falsos ahora tienen una apariencia profesional, con gráficos atractivos y testimonios de supuestos clientes satisfechos, lo que genera una falsa sensación de legitimidad. Las comunicaciones fraudulentas se hacen más sofisticadas, utilizando correos electrónicos, mensajes de texto y aplicaciones de mensajería instantánea para hacer que las víctimas confíen en los estafadores.

Además, los avances en la inteligencia artificial y el análisis de datos permiten a los estafadores personalizar sus ataques, segmentando mejor a sus víctimas y haciéndolas más vulnerables a sus engaños. El uso de algoritmos para predecir comportamientos y gustos también les da una ventaja en la creación de fraudes más dirigidos y difíciles de detectar.

En la actualidad, muchas estafas combinan métodos tradicionales y digitales. Por ejemplo, los estafadores pueden organizar eventos en línea o seminarios web, donde promueven oportunidades de inversión fraudulentas. Además, emplean técnicas de manipulación psicológica, como la creación de urgencia o el uso de figuras de autoridad (expertos financieros o influencers) para generar confianza.

El marketing digital ha permitido a los estafadores crear "cultos de inversión" que operan a través de plataformas como YouTube, Instagram o Telegram, donde promueven productos financieros falsos o plataformas de inversión con el fin de atraer más personas a su red. Estos fraudes pueden escalar rápidamente, y aunque las plataformas digitales permiten una mayor visibilidad, también complican la detección de los responsables.

La sofisticación de las estafas modernas hace que las autoridades y los reguladores tengan dificultades para rastrear y detener a los responsables. Muchas veces, los estafadores operan desde países con regulaciones laxas o sin acuerdos de extradición, lo que complica la acción legal. Además, el anonimato que proporciona internet hace que sea aún más difícil identificar a los culpables.

Las estafas financieras también han evolucionado para explotar las vulnerabilidades de los sistemas financieros, como la falta de educación financiera generalizada, el desconocimiento sobre los riesgos de inversión, y la falta de regulación en ciertos mercados emergentes como las criptomonedas.

La clave para prevenir las estafas financieras del futuro radica en la educación financiera. Los consumidores deben ser capaces de reconocer los riesgos de inversión, entender cómo funcionan los mercados y estar alerta a las señales de advertencia de las estafas. La información y la concientización sobre las estafas deben ser parte del currículo educativo, y las plataformas digitales deben hacer más para proteger a sus usuarios de fraudes y engaños.

Conclusión Final del Libro: Lo que Sucedió con los Involucrados

Después del colapso de la operación fraudulenta, las víctimas quedaron desamparadas, con la mayoría de ellas perdiendo grandes sumas de dinero que nunca pudieron recuperar. En muchos casos, las víctimas enfrentaron no solo una pérdida financiera, sino también un profundo daño emocional y psicológico. La confianza que habían depositado en la inversión se transformó en una sensación de traición y desesperanza.

Las autoridades, en su mayoría, fueron lentas para intervenir, debido a la complejidad del caso y a la dificultad para rastrear a los responsables, que operaban en jurisdicciones internacionales. Sin embargo, algunos de los estafadores fueron finalmente identificados y arrestados, aunque muchos aún permanecen libres, disfrutando de los frutos de sus delitos en lugares sin extradición.

El impacto en la comunidad financiera fue significativo. La estafa minó la confianza en ciertos tipos de inversiones, especialmente en áreas no reguladas como las criptomonedas. A nivel social, las personas que habían sido víctimas de la estafa se sintieron estigmatizadas, ya que a menudo se les culpaba por haber sido ingenuas. Las instituciones financieras también vieron un aumento en la desconfianza, lo que llevó a una mayor regulación y un enfoque más riguroso en la prevención de fraudes.

Mensaje del Autor sobre el Problema

Este libro tiene como objetivo arrojar luz sobre los peligros de las estafas financieras, no solo para alertar a los inversionistas, sino también para promover un cambio en la forma en que nos acercamos al dinero y a las inversiones. Las estafas financieras son una realidad innegable, pero también lo es nuestra capacidad para protegernos.

La educación es la primera línea de defensa. Debemos ser más críticos con las oportunidades que se nos presentan y aprender a reconocer las señales de alerta. La información es poder, y al empoderarnos con conocimiento, podemos minimizar los riesgos y evitar caer en trampas.

Es crucial que tanto los individuos como las instituciones trabajen juntos para crear un entorno más seguro, transparente y accesible para las inversiones. La prevención de estafas financieras no es solo una responsabilidad personal, sino también colectiva.

Si bien las estafas financieras han existido durante siglos, con la creciente digitalización de la economía, las herramientas para detectar y prevenir estos fraudes están a nuestro alcance. No podemos bajar la guardia. En este mundo cada vez más interconectado, la única forma de proteger nuestras finanzas es educarnos y estar siempre alerta.

"El futuro depende de nuestra capacidad para adaptarnos y defendernos contra aquellos que buscan explotarnos".

Silvio Dell'Oglio

9 798230 883975